2025年度版

鹿児島県の
面接

過 去 問

協同教育研究会 編

協同出版

はじめに～「過去問」シリーズ利用に際して～

　教育を取り巻く環境は変化しつつあり，日本の公教育そのものも，教員免許更新制の廃止やGIGAスクール構想の実現などの改革が進められています。また，現行の学習指導要領では「主体的・対話的で深い学び」を実現するため，指導方法や指導体制の工夫改善により，「個に応じた指導」の充実を図るとともに，コンピュータや情報通信ネットワーク等の情報手段を活用するために必要な環境を整えることが示されています。

　一方で，いじめや体罰，不登校，暴力行為など，教育現場の問題もあいかわらず取り沙汰されており，教員に求められるスキルは，今後さらに高いものになっていくことが予想されます。

　本書の基本構成としては，面接試験の概要，過去数年間の面接試験の出題内容を掲載しています。各自治体や教科によって掲載年数をはじめ，面接試験対策や提出書類の書き方を掲載するなど，内容が異なります。

　また原則的には一般受験を対象としております。特別選考等については対応していない場合があります。なお，実際に出題された順番や構成を，編集の都合上，変更している場合があります。あらかじめご了承ください。

　みなさまが，この書籍を徹底的に活用し，教員採用試験の合格を勝ち取って，教壇に立っていただければ，それはわたくしたちにとって最上の喜びです。

協同教育研究会

C O N T E N T S

第1部

面接試験の概要

面接試験の概要

■ 面接試験の意義

　論作文における筆記試験では，教員として必要とされる一般教養，教職教養，専門教養などの知識やその理解の程度を評価している。また，論作文では，教師としての資質や表現力，実践力，意欲や教育観などをその内容から判断し評価している。それに対し，面接試験は，教師としての適性や使命感，実践的指導能力や職務遂行能力などを総合し，個人の人格とともに人物評価を行おうとするものである。

　教員という職業は，児童・生徒の前に立ち，模範となったり，指導したりする立場にある。そのため，教師自身の人間性は，児童・生徒の人間形成に大きな影響を与えるものである。そのため，特に教員採用においては，面接における人物評価は重視されるべき内容であり，最近ではより面接が重視されるようになってきている。

■ 面接試験とは

　面接試験は，すべての自治体の教員採用選考試験において実施されている。最近では，教育の在り方や教師の役割が厳しく見直され，教員採用の選考においても教育者としての資質や人柄，実践的指導力や社会的能力などを見るため，面接を重視するようになってきている。特に近年では，1次選考で面接試験を実施したり，1次，2次選考の両方で実施するところも多くなっている。

　面接の内容も，個人面接，集団面接，集団討議(グループ・ディスカッション)，模擬授業，場面指導といったように多様な方法で複数の面接試験を行い，受験者の能力，適性，人柄などを多面的に判断するようになってきている。

　最近では，全国的に集団討議(グループ・ディスカッション)や模擬授

業を実施するところが多くなり，人柄や態度だけでなく，教員としての社会的な能力の側面や実践的な指導能力についての評価を選考基準として重視するようになっている。内容も各自治体でそれぞれに工夫されていて，板書をさせたり，号令をかけさせたりと様々である。

このように面接が重視されてきているにもかかわらず，筆記試験への対策には，十分な時間をかけていても，面接試験の準備となると数回の模擬面接を受ける程度の場合がまだ多いようである。

面接で必要とされる知識は，十分な理解とともに，あらゆる現実場面において，その知識を活用できるようになっていることが要求される。知っているだけでなく，その知っていることを学校教育の現実場面において，どのようにして実践していけるのか，また，実際に言葉や行動で表現することができるのか，といったことが問われている。つまり，知識だけではなく，智恵と実践力が求められていると言える。

なぜそのような傾向へと移ってきているのだろうか。それは，いまだ改善されない知識偏重の受験競争をはじめとして，不登校，校内暴力だけでなく，大麻，MDMA，覚醒剤等のドラッグや援助交際などの青少年非行の増加・悪質化に伴って，教育の重要性，教員の指導力・資質の向上が重大な関心となっているからである。

今，教育現場には，頭でっかちのひ弱な教員は必要ない。このような複雑・多様化した困難な教育状況の中でも，情熱と信念を持ち，人間的な触れ合いと実践的な指導力によって，改善へと積極的に努力する教員が特に必要とされているのである。

■ 面接試験のねらい

面接試験のねらいは，筆記試験ではわかりにくい人格的な側面を評価することにある。面接試験を実施する上で，特に重視される視点としては次のような項目が挙げられる。

① 人物の総合的評価　面接官が実際に受験者と対面することで，容姿，態度，言葉遣いなどをまとめて観察し，人物を総合的に評価することができる。これは面接官の直感や印象によるところが大きい

が，教師は児童・生徒や保護者と全人的に接することから，相手に好印象を与えることは好ましい人間関係を築くために必要な能力と言える。

② 性格・適性の判断　面接官は，受験者の表情や応答態度などの観察から性格や教師としての適性を判断しようとする。実際には，短時間での面接のため，社会的に，また，人生の上でも豊かな経験を持った学校長や教育委員会の担当者などが面接官となっている。

③ 志望動機・教職への意欲などの確認　志望動機や教職への意欲などについては，論作文でも判断することもできるが，面接では質問による応答経過の観察によって，より明確に動機や熱意を知ろうとしている。

④ コミュニケーション能力の観察　応答の中で，相手の意思の理解と自分の意思の伝達といったコミュニケーション能力の程度を観察する。中でも，質問への理解力，判断力，言語表現能力などは，教師として教育活動に不可欠な特性と言える。

⑤ 協調性・指導性などの社会的能力(ソーシャル・スキル)の観察　ソーシャル・スキルは，教師集団や地域社会との関わりや個別・集団の生徒指導において，教員として必要とされる特性の一つである。これらは，面接試験の中でも特に集団討議(グループ・ディスカッション)などによって観察・評価されている。

⑥ 知識・教養の程度や教職レディネスを知る　筆記試験において基本的な知識・教養については評価されているが，面接試験においては，さらに質問を加えることによって受験者の知識・教養の程度を正確に知ろうとしている。また，具体的な教育課題への対策などから，教職への準備の程度としての教職レディネス(準備性)を知る。

第 2 部

鹿児島県の面接
実施問題

2024年度　面接実施問題

◆実技試験(1次試験)

　※中高保体，特支中高保体，中高音楽，特支中高音楽，中高美術，特
　　支中高美術，高校書道では，実技試験を実施する。

　▼中高保体，特支中高保体

【必修課題】

□水泳

　　クロール又は平泳ぎで25m泳ぐ。

　※飛び込み又は水中からのスタートは，自由選択とする。

　※練習は各自で1本できる。

　※7人ずつ実施。

〈評価基準〉

得　点	評　　価　　の　　観　　点
２５点	・　正しい泳法で，25mをスピードに乗って泳ぐことができる。
２０点	・　正しい泳法で，25mを泳ぐことができる。
１５点	・　泳法には難があるが，25mを泳ぐことができる。
１０点	・　25mを泳ぐことができる。
５点	・　25m泳ぐことができない。

【選択課題1】

※下記の3種目から，1種目を選択。

□ダンス

　創作ダンス(音楽なし，1分以内)

※構想時間は5分与えられる(練習も含む)。

※2人ずつ実施。

〈評価基準〉

得　点	評　　価　　の　　観　　点
２５点	・テーマの発想がより独創的であり，変化をつけた「ひとながれの動き」を大きく動くことができる。
２０点	・テーマの発想に工夫があり，変化をつけた「ひとながれの動き」で表現できる。
１５点	・テーマの発想から「ひとながれの動き」を表現できる。
１０点	・課題とテーマが合っていないが，「ひとながれの動き」ができる。
５点	・「ひとながれの動き」ができていない。

□柔道

　受け身(後ろ受け身(2回)，横受け身(左右各1回)，前回り受け身(左右各1回))，かかり練習(まわし技系の技を5回，5回目に投げる)

※練習は各自で2分間できる。

※2人ずつ実施。

〈評価基準〉

得　点	評　価　の　観　点
２５点	・　基本動作が正確に身に付いており，スムーズにできる。
２０点	・　基本動作が正確にできる。
１５点	・　基本動作が概ねできる。
１０点	・　基本動作がようやくできる。
５点	・　基本動作ができない。

□剣道

切り返し，面打ち(大，小)，小手面，地稽古(試合稽古)

※練習は各自で2分間できる。

※2人ずつ実施。

〈評価基準〉

得　点	評　価　の　観　点
２５点	・　基本動作が正確で，構えもよく，体さばきがスムーズにできる。 ・　剣体が一致した基本の打突ができることに加え，打突を素早く，力強くできる。
２０点	・　基本動作が正確にできる。 ・　剣体が一致した基本の打突ができる。
１５点	・　基本動作が概ねできる。 ・　剣体が一致した基本の打突がよくできない。
１０点	・　基本動作がようやくできる。 ・　剣体が一致した基本の打突ができない。
５点	・　基本動作ができない。 ・　基本の打突を理解していない。

【選択課題2】

※下記の3種目から，2種目を選択。

□陸上競技(ハードル走)

　晴天時：アジャスタブルハードル4台(インターバルは，男子7.5m，女子6m)

　雨天時：アジャスタブルハードル3台(インターバルは，男女とも6m)

※練習は各自で1本できる。

※2人ずつ実施。

〈評価基準〉

得　点	評　　価　　の　　観　　点
２５点	・遠くから踏み切り，振り上げ脚を振り下ろしながら，反対の脚（抜き脚）を素早く前に引き出すことができる。 ・ハードリングとインターバルの走りを3歩のリズムで，滑らかにつなぐことができる。
２０点	・遠くから踏み切り，振り上げ脚をまっすぐに振り上げ，ハードルを低く走り越すことができる。 ・ハードリングとインターバルの走りを3歩のリズムで，つなぐことができる。
１５点	・遠くから踏み切り，抜き脚を折りたたんで前に運ぶなどの動作でハードルを越すことができる。 ・ハードリングとインターバルの走りを3又は5歩のリズムで，つなぐことができる。
１０点	・抜き脚を折りたたんで前に運ぶなどの動作でハードルを越すことができない。 ・ハードリングとインターバルの走りを3又は5歩のリズムで，つなぐことができない。
５点	・ハードルを越すことができない。 ・ハードリングとインターバルの走りをつなぐことができない。

□器械運動(マット運動)

　伸膝前転→倒立前転(方向転換)→伸膝後転又は後転倒立→Y字バランス又は水平バランス→前方倒立回転又はロンダート

※練習は一連の動作を1回できる。

※1人ずつ実施。

11

〈評価基準〉

得　点	評　価　の　観　点
２５点	・　一連の動作が正確で安定しており，美しいフォームでダイナミックに連続してできる。
２０点	・　一連の動作を安定したフォームでリズミカルにできる。
１５点	・　リズムが悪いが，一連の動作は連続してできる。
１０点	・　個々の動作はできるが，連続してできない。
５点	・　個々の動作が不正確でぎこちない。

□球技(バレーボール)

1人3段攻撃(反対側のコートから投げ入れられたボールを「アンダーレシーブ」，「オーバーハンドトス」の順でボールをあげ，最後に「スパイク」で反対側のコートに入れる)

※ネットの高さは，男子2m30cm，女子2m10cm

※練習は，2人組で3分間できる。

※1人ずつ2回実施。

〈評価基準〉

得　点	評　価　の　観　点
２５点	・　一つ一つのプレーが高度である。 ・　相手チームを仮想した高度なプレーができる。
２０点	・　プレーが正確で，次の動作につながるプレーができている。 ・　ボールの処理及び動きがリズミカルである。
１５点	・　基本技能は，正確にできる。 ・　ボールの処理及び動きにスピードがない。
１０点	・　基本技能はできるが，実践的ではない。 ・　一連の動きにリズムやスピードがない。
５点	・　基本技能が不正確である。 ・　ボールコントロールやボディーコントロールにミスが目立つ。

▼中高音楽，特支中高音楽

【課題1】

□ピアノ

　課題は，受験する校種の教材の中から，当日指定する歌唱教材1曲を伴奏します。特別支援学校の受験者は，中学校教材の中から指定します。

【課題2】

□指揮

　課題は，当日指定する1曲の指揮をします。

【課題3】※中学校，特支中高音楽の受験者のみ実施

□声楽

　中学校歌唱共通教材の中から，当日指定する1曲を歌います。

【課題4】※中学校，特支中高音楽の受験者のみ実施

□アルトリコーダー

　課題は，中学校の教材の中から，当日指定する1曲を演奏します。

【課題5】※高等学校の受験者のみ実施

□声楽

　以下の4曲の中から，当日指定する1曲を歌います。

①　この道(山田耕筰)

②　Caro mio ben(G.ジョルダーニ)

③　'O sole mio(E.ディ・カプア)

④　Heidenröslein(F.シューベルト)

【課題6】※高等学校の受験者のみ実施

□任意の楽曲の演奏

〈評価基準〉

ア　ピアノ

　　コードネームの付いたメロディ譜を与え，伴奏付けを課すことにより，授業に必要なピアノ伴奏の技能と音楽的な感受性をみる。

イ　声楽及び指揮

　(声楽)

　　発声法，表情，表現力，発音等の歌唱力をみる。

　(指揮)

　　リズムやテンポ，ダイナミックス，曲想の変化等の表現能力，指
　揮に関する基礎的技能をみる。

ウ　リコーダー

　　指定の曲を課し，演奏技能・表現法をみる。

オ　高等学校専門実技

　　各自が準備した曲について，専門的な技能と音楽的感性をみる。

▼中高美術，特支中高美術

【課題1】60分

□片手でペットボトルを持つ手を，以下の条件に留意して鉛筆で写実
　的に描け。

〈条件〉

①　解答用紙は，縦向きにすること。

②　手首から指先までを全て描くこと。

③　実物に近い大きさで描くこと。

④　ペットボトルのキャップを開けないこと。

⑤　配布されたシールに受験番号を記入し，画面の四隅のいずれかに
　貼付すること。

【課題2】120分

□架空の書店のブックカバーを，以下の条件に留意してデザインせよ。

〈条件〉

①　書店は，架空の児童書専門書店とする。

②　彩色は水性絵の具で行い，3色以内で配色すること。白は色数制
　限の3色には入らず，彩色しなくてもよい。

③　下図の書店のシンボルマークを必ずデザインの中にレイアウトす
　る。

④　作品に受験番号と作品解説を記入し，提出する。

⑤　制作中に組み立ててもよいが，開いた状態で提出する。

架空の児童書専門書店のシンボルマーク

※アウトラインも色数として数えること。

〈評価基準〉

ア　実技問題の趣旨を理解しているか。

イ　実技問題の条件(指示内容)をクリアしているか。

ウ　美術の教師として，豊かな発想力や計画性，創造的な技能を発揮
　　している か。

手のデッサン…表現力(知識，技能)，発想力(主題)，構想力(構図，計
　　画性)

ブックカバーのデザイン…表現力(知識，技能)，発想力(課題のねらい
　　に沿ったデザイン，伝達性)，構想力(画面構成，配色，計画性)

▼高校書道

【課題1】

□次の古典「雁塔聖教序」を半紙二行に臨書せよ(落款は「波留臨□」
　　とすること)。

【課題2】
□次の古典「蜀素帖」を半紙二行に臨書せよ。落款は「波留臨□」とすること。

【課題3】
□次の古筆「高野切第三種」を指定の半紙$\frac{1}{2}$に，原本の構成のまま臨書せよ。落款は不要とする。

　「千里しらゆきのともにわがみはふりぬれどこゝろはきえぬものにぞありける」

16

【課題4】

□次の古典「篆書白氏草堂記」を半紙二行に臨書せよ。落款は「波留臨□」とすること。

【課題5】

□次に示す浄書内容を揮毫，別紙A4サイズの卒業証書に，小筆を用いて楷書で体裁よく書くこと。

《浄書内容》

番号	氏名	生年月日
15804	鹿児島　凜　空	平成 16 年 7 月 29 日

【課題6】

□次の句を，漢字仮名交じりの書として半紙$\frac{1}{2}$に創作せよ。紙の使用は縦横自由とするが，漢字仮名の変換は認めない。落款は「水巴の句　波留かく□」とすること。

雲に明けて月夜あとなし秋の風

【課題7】

□次の①・②の中から一つを選び，半切に創作せよ。用紙の使用は縦横自由とする。下記の〈注〉をよく読んで書くこと。

① 棊聲夜靜客飲酒　花影畫閒人讀書

棊＝棋　聲＝声　靜＝静　飲＝飲　畫＝昼　閒＝間　讀＝読

（兪徳鄰）

② こころざし　深くそめてし　をりければ

消えあへぬ雪の　花と見ゆらむ

（よみ人しらず）

〈注〉

　①は漢字作品。行数は自由とし，新旧字体・書写体の使用も自由とする。落款は「波留書□」とすること。

　②は仮名作品。行数は自由とし，漢字仮名の変換，変体仮名の使用も自由とする。落款は「波留かく□」とすること。

〈評価基準〉

ア　楷書の臨書が的確にできているか。

イ　行書の臨書が的確にできているか。

ウ　仮名の臨書が的確にできているか。

エ　篆書の臨書が的確にできているか。

オ　実用書(卒業証書)の形式を理解し，調和よく表現できているか。

カ　行書の字形等を正しく理解し，ボールペンで的確に表現できているか。

キ　漢字仮名交じりの書，漢字の書，仮名の書の創作として的確に表現できているか。

ク　紙面に対して，文字の大きさ調和よくできているか。

◆実技試験(2次試験)

※中高家庭，中高英語，特別支援学校英語では，実技試験を実施する。

▼中学家庭　40分

※事前に準備の時間を15分間，事後に仕上げ・後始末の時間を10分間とする。

【課題】

□試験用布に次の1～8を行い，図を参考にして，指示どおり完成させなさい。また，1～8を行う順序は問わない。

1　左そで作り

・試験用布(イ)のそで下を袋縫いする。

・試験用布(イ)のそで口を三つ折り縫いする。

2　ポケットつけ

・試験用布(ウ)のポケット口を三つ折り縫いする。

・試験用布(ウ)を試験用布(ア)の所定の位置に縫いつける。

・ポケット口は四角止めにする。

3　脇縫い

・試験用布(ア)の脇を縫う。

・縫いしろはアイロンで割る。

4　なみ縫い

・試験用布(ア)の所定の位置になみ縫いをする。

5　まつり縫い
　　・試験用布(ア)の所定の位置にまつり縫いをする。
6　三つ折り縫い
　　・試験用布(ア)の所定の位置に三つ折り縫いをする。
7　千鳥がけ
　　・試験用布(ア)の所定の位置に千鳥がけを10cmする。
8　スナップを付ける
　　・試験用布(ア)の所定の位置にスナップをつける。

図

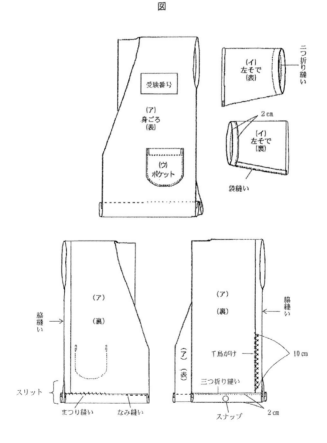

〈評価の観点及び基準〉

・布を用いた物の製作等を指導する際の知識と技術が身に付いているか。

・指示どおりの場所に指示どおりの縫い方ができているか。

・全体のできばえがよいか。

・材料，用具を適切に扱えるか。

▼高校家庭　60分

【課題】

※事前に準備の時間を15分間，事後に仕上げ・後始末の時間を10分間とする。

□試験用布に次の1～8を行い，図を参考にして，指示とおり完成させなさい。また，4～8を行う順序は問わない。

※開始直後30分間で，1～3を行う。時間内に1～3が終わった場合は，4～を進めて構わない。

※時間内に1～3が終わらなかった場合は，「1～3を継続」，または，「4～に進む」のいずれでも構わない。

1　左そで作り

・試験用布(エ)のそでドを袋縫いする。

・試験用布(エ)のそで口を三つ折り縫いする。

2　おくみの三つ折りぐけ

・試験用布(イ)の所定の位置に三つ折りぐけをする。

3　おくみつけ

・試験用布(ア)に，試験用布(イ)をミシン縫いでつける。

・縫いしろは耳ぐけで始末する。

4　えりつけ

・試験川布(ア)に，試験用布(ウ)をミシン縫いでつける。

・えり先の始末をする。

・えり先から10cmのところまで本ぐけをする。

5　脇縫い

・試験用布(ア)の脇を縫う。

・縫いしろはアイロンで割る。

6 なみ縫い

・試験用布(ア)の所定の位置になみ縫いをする。

7 まつり縫い

・試験用布(ア)の所定の位置にまつり縫いをする。

8 三つ折り縫い

・試験用布(ア)の所定の位置に三つ折り縫いをする。

図

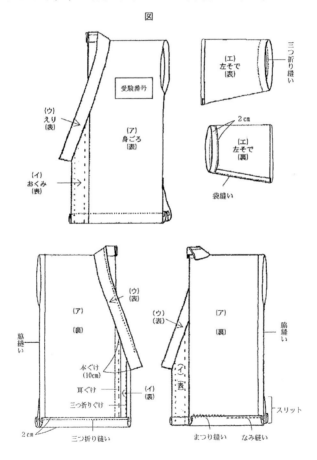

〈評価の観点及び基準〉

・日常着等の被服作品の製作を指導する際の知識と技術が身に付いて
　いるか。

・指示どおりの場所に指示どおりの縫い方ができているか。

・全体のできばえがよいか。

・材料，用具を適切に扱えるか。

▼中高英語，特別支援学校英語

□英語会話(4～7人1組で行うディスカッション)

〈テーマ〉

・How do you encourage your students to express themselves in English In
　your classes?

・How can students make use of ICT in English class?

〈評価の観点及び基準〉

・発表能力(構成力)

・発表内容(分析力)

・英語力(発音・流暢さ)

・英語力(文法・正確さ)

・発表節度(積極性・協調性)

◆グループ討議(2次試験)　25分

※1グループ3～5人とする。

【テーマ】

□新たな不登校の児童生徒を生まないために大切にすべきことは何で
　すか。グループとしての意見をまとめてください。

□タブレットを活用した効果的な授業について，どのような方法が考
　えられますか。また，どのような効果が得られると思いますか。グ
　ループとしての意見をまとめてください。

□子供にスマートフォンを持たせるべきかどうかについて，グループ

として賛成，反対の立場を明確にして，その理由をまとめてください。

□日本の若者は，諸外国の若者と比べ，自分の将来に明るい希望をもつ割合が少ないという指摘があります。子供たちが自分の将来を前向きに捉えることができるために，学校教育の中でどのように取り組むべきですか。グループとしての意見をまとめてください。

□児童生徒を指導する上で，今後教職員が変わっていかなければならないところはどこだと思いますか。また，変わってはいけないところはどこだと思いますか。グループとしての意見をまとめてください。

□総務省の抽出調査によると，年々選挙の投票率が低下しています。投票率をあげるために考えられる具体的な対応等について話し合い，グループとしての意見をまとめてください。

□「児童生徒が明日の登校を楽しみにする学校づくり」を実現するために，どのような取組をすればよいですか。登校を楽しみにする以外の相乗効果等も考えた上で，グループとしての意見をまとめてください。

□アフターコロナでこれから世の中が変わっていく中で，教育はどのように変わっていくべきだと思いますか。グループとしての意見をまとめてください。

□チャット**GPT**に代表される対話型**AI**が注目を集めています。この技術を学校現場でどのように活用していけばよいか，グループとして意見をまとめてください。

□保護者の信頼を得る教職員とは，どのような教職員だと考えますか。また，そのために心掛けておくべきことは何だと思いますか。グループとしての意見をまとめてください。

□家庭の経済状況から放課後や休日に学習塾や習い事に通えず，学校以外での教育機会を得られないなどの教育格差が生まれているという指摘があります。そこで，こうした「教育格差」に対して，学校や教職員ができる対策について意見を述べ，グループとしての考え

をまとめてください。

□近年加速している少子化がもたらす社会への影響を挙げた上で，これからの教育で大切にすべきことを，グループとしてまとめてください。

□学校の統廃合により起こりうる問題点を挙げた上で，その改善のためにどのような取組が考えられますか。また，その取組によりどのような教育効果があると思いますか。グループとしての意見をまとめてください。

□2018年に内閣府が行った国際比較調査によると，日本の子どもたち・若者の主体性は他の先進国と比べても低いと言われています。あなたは，こうした指摘に対してどのように説明しますか。グループとしての意見をまとめてください。

□高校生や大学生が就職するにあたって，県外流出を防ぎ，地方創生を図っていくためには，どのような取組をしたらよいか，グループとして意見をまとめてください。

□ワーク・ライフ・バランス(仕事と生活の調和)を推進するために，学校という職場でできる取組としてどのようなことが考えられますか。グループとしての意見をまとめてください。

□勉強意欲がわかないという児童生徒に対し，教師としてどのようにかかわっていくことが必要だと思いますか。グループとしての意見をまとめてください。

□2023ワールド・ベースボール・クラシックにおいて日本チームが優勝しました。その際，試合結果だけでなく，チームワークや監督と選手との信頼関係などがクローズアップされました。組織が一丸となって進むために，チームワークや信頼関係以外で必要なことは何だと思いますか。グループとしての見解を示してください。

□学校における小規模校が抱える課題を挙げた上で，その改善のためにどのような取組が考えられますか。グループとしての意見をまとめてください。

□デジタル教科書と紙の教科書について，それぞれをどのように活用

することが望ましいと思いますか。グループとしての意見をまとめてください。

□あなたのグループは，教職員志望者を増やすために，大学生向けに講義を行うことになりました。どのような内容の講義にするのか，グループとして意見をまとめてください。

□最近，教師について，児童生徒の「伴走者」という表現が使われるようになりました。では，教師の「伴走者」としての役割はどのようなものか，そして，そのために具体的にはどのようなことが必要だと思いますか。グループとしての意見をまとめてください。

〈グループ討議の流れ〉

	時間	進行内容（●係員，☆試験委員）	留意事項	評価
1 構想	5分	控室で「グループ討議カード」を渡す。 ●「これからグループ討議カードの内容について自分の考えをまとめてください。時間は，5分間です。ただし，この場ではグループの者と話し合ってはいけません。必要があればメモをとってもかまいません。始めてください。」 〜5分後〜 ●「止めてください。」	○受験番号と氏名を確認し，受験番号順に割り振られたA〜Eを受験者に指示する。	1 評価は，「評価の観点」（別紙参照）に基づいて観察し，総合的に判断する。
2 受験者入室前		●「グループ討議カードを持って試験室に入室してください。」 「入室したら，A〜Eの指示された椅子の前に立ってください。」	○入室し，それぞれの椅子の前に立たせる。	2 観点別評価は次のとおり評価する。
3 グループ討議	2分	●「Aさんから受験番号を述べて着席してください。」 ●「これからグループ討議を行います。討議の時間は25分間です。時間内にグループの結論が導き出せるよう討議してください。」 ●「はじめに，討議テーマについてそれぞれの意見を述べてもらいます。一人1分程度で，全員が意見を述べてください。メモをとってもかまいません。」		5 優れている 4 やや優れている 3 普通 2 やや劣る 1 劣る
	25分	●「Aさんから順にお願いします。」【計時開始】 （全員が意見を述べたら）【計時一時停止】 ●「それではここからは，発表された意見を基にグループ討議を行ってもらいます。司会や記録等は立てずに，時間まで討議を進めてください。残り時間は○分です。終了3分前にはこちらからお知らせします。それでは始めてください。」【計時再開】 ●【終了3分前】「残り時間は3分です。」 ●「グループ討議を止めてください。」	○評価の観点について観察する。 ○自発的に発言させ，評価の観点について観察する。 ○グループ討議の間，発言が少ないても試験委員は質問等を行わない。	3 観点別評価を合計して，総合評価とする。 4 評価は，すべて別紙「グループ討議評価カード」に記入する。
	7分	試験委員からの質問	○討議の進捗度合いに応じて，発言内容について確認したいことや留意に関連したことを受験者に質問する。	
4 終了	1分	（係員は退室し，次のグループに「グループ討議実施上の注意」を説明する。） ☆「以上で，グループ討議を終わります。グループ討議カードを出口の箱に入れて退室してください。」		
5 評価	5分	☆「グループ討議評価カード」への記入		
(計)	45分			

〈配置図〉

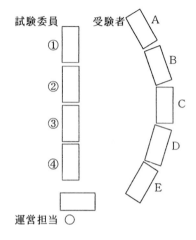

〈評価の観点〉

1	積極性	○ 積極性，意欲，情熱が感じられるか。 ○ 討議のきっかけや流れをつくったり，横道にそれた議論を正しく修正したりすることができるか。
2	論理性	○ 視点が明確で，発言に一貫性と整合性はあるか。 ○ 課題について，正しい知識や情報を踏まえ発言をしているか。
3	協調性	○ 全員で結論を出そうとする姿勢が見られるか。 ○ 感情的にならず，他人への適切な気配りを行いながら議論しているか。
4	表現力	○ 自己の意見が他人によく理解されるよう表現を工夫しているか。 ○ グループ内の討議の方向性や様々な意見を踏まえ，自分の意見を工夫して述べているか。
5	態度	○ 服装，言葉遣いは望ましいか。 ○ 表情は豊かであるか。

▼小学校教諭

【テーマ】

□勉強のやる気がない児童に対して担任としてどのように対応するか。

・司会は決めずに討論が進められた。

▼特支小学校

【テーマ】

□「子どもが，『明日が楽しみだ』と感じる学校にするためにどのよう
　な取組が重要か。その取り組みによるそれ以外の相乗効果も踏まえ
　て議論しなさい」

・初めにテーマカードを渡され，各自の考えをまとめる時間が5分あ
　る。その後部屋に入室し，一人ずつ1分間で意見を述べた上で討論
　が始まる。

・司会は立てず，時間内に結論を出すことが求められる。

・討論終了後，面接官から幾つか質問される。

【質問内容】

・特別支援学校においてできる取り組みは何か。

・他の人の意見で心に残ったものは何か。

・初対面の人と討論する上で気をつけたことは何か。

▼高校国語

【テーマ】

□日本は、若者が夢を見れないという。どうすれば、将来に夢を持っ
　て頑張れるか。

【質問内容】

□他の人の言葉で心に残ったものがあるか。

□この討論は何点か。

□あなたの夢は。

▼養護教諭

【テーマ】

□高校生，大学生の県外流出を防ぎ，地方創生としてできること，具
　体的に考えをまとめなさい。

・広い部屋なので，大きな声で話さないと聞こえない。

・まとめないと減点なので，何分にまとめ始めるか始めに確認する必

29

要がある。

◆個人面接(2次試験)　試験管2人

※面接は総括面接(10分)，担当面接(20分)の2回行われる。

※小学校及び特別支援学校小学部受験者については，英語によるスピーチ(自己紹介等)を含む。

〈評価の観点〉

	観　点
１ 指 導 性	(1)　適確な教育観や学校教育に対する課題をもち，教師としての自己を創造し発展させていく姿勢と能力が見られるか。　　　　　　(課題解決・創造性) (2)　質問を的確にとらえる知性と能力をもち，それに対する考え方が公正・客観的で指導力や実践力が感じられるか。　　　　　　　(教養・実践力) (3)　自己の意見が他人によく理解されるよう表現を工夫し，説得力のある発言に努めているか。　　　　　　　　　　　　　　　　　　(説得力)
２ 社 会 性	(1)　自己について客観的に把握するとともに，望ましい対人行動や集団行動をとれるように努め，豊かな人間関係をもつよう努めているか。　(協調性) (2)　自己の主張や意見の根底に，自己をみつめ自己を確立しようとする人間性がうかがえ，自らよりよく生きようと努めているか。　　(向上心) (3)　主張が独善的なものでなく，社会一般の良識や常識に合致し，社会の期待に応えようとする姿勢が見られるか。　　　　　　　　(使命感)
３ 論 理 性	(1)　冷静によく考えて意見を述べ，内容に一定の論理性と方向性があり思考に深まりが見られるか。　　　　　　　　　　　　　　　(熟慮・冷静) (2)　教職を希望する動機が明確であり，主張や意見が断片的な感想にとどまらず，一貫性と整合性があるか。　　　　　　　　　　　(指向性) (3)　視点が明確で，論理を体系化する能力が感じられるか。　　(論理性)
４ 態 度	(1)　服装，言葉遣い，礼儀作法は望ましいか。　　　　　　　(マナー) (2)　教職への積極性，意欲，情熱が感じられるか。　　(意欲，積極性) (3)　落ち着いていて自信をもち，はつらつとした言動をとれるか。　(情緒)
５ そ の 他	○　教員としての総合的な資質・能力を問う。(教育観，人権意識，社会常識等)

▼小学校教諭
【質問内容】
□人権問題について。
□生徒指導提要について
□離島での勤務は可能か。
□周囲の人に頼れるか。
・過去問と同様の質問が多かった。

▼特支小学校
【質問内容】
□なぜ特別支援学校なのか。
□なぜ小学部なのか。
□地方公務員法の第30条の内容。
□服務について。
□人権について。
□不適切な指導とは何か。
□離島での勤務は可能か。
□理想の教員像。
□教師の魅力は何か。
□英語は得意か。
□実習はもう行ったか。
□懲戒処分について。
□これまでに一生懸命に取り組んだこと。
□自閉症の特性は何か。
□人権問題について。
□不適切な指導について。
□離島での勤務は可能か。
　　→特別支援学校は離島に何校あるか。
　　→どこにあるか。
□実習はもう行ったか。

□チームティーチングの効果と留意点。
□ベテランの先生と意見が食い違ったときの対応。

▼高校国語
□緊張しているか。
□何回目の受験か。
□なぜ教員を目指したか。
□中学校の先生ではだめなのか。
　　→なぜ高校の先生なのか。
□人権問題で知っていることは。
□20代は何をしていたか。
　　→夢を追いかけていたと言ったが，どんな夢だったのか。
□働き方改革はどうすればよいか。
　　→働き方改革は部活だけか。他にないか。
　　→働き方改革は、先生たちの意識改革だけで上手くいくか。
□AIについてどう思うか。
□ストレスは溜まるか。
　　→どうやってストレスを解消するか。
□教職の魅力を生徒にどう伝えるか。
□国語でICTをどうやって授業で使うか。
□国語の専門的な指導は何を学んできたか。
□国語で，教科等横断的な指導はどうするか。
□国語の学習指導要領が改訂されたが，どういった意図で改訂された
　か。
□読書離れが進んでいるがどうするか。
□特別支援学校で採用されたらどうするか。
□県内どこでも勤務できるか。離島に勤務できるか。
□働き方改革の勤務外時間の上限は。月何時間か。年何時間か。
□あなたは勤務外時間の条件は守れているか。
□地方公務員法第30条を答えよ。

□教員の研修が書かれている法律は。

□民間を受けていないのか。

□高校一本か。

　　→それほど高校への思いが強いのか。

□合格したらどんな教員になりたいか。

□もし不合格だったらどうするか。

□人権感覚をどうやって養うか。

▼養護教諭

【質問内容】

□志望動機について。

□体罰に関する法律について。

□信用失墜行為について。

□何を大事にしたいか。

□離島勤務は可能か。

□他人より優れているところ。

　　→何を意識しているか。

□どんな養護教諭になりたいか。

□どんな保健室を作っていきたいか。

□実習での思い出について。

□部活について。

□働き方改革はなぜ必要か。

□併願状況について。

◆適性検査(2次試験)

　▼全校種　50分

【内容】

□クレペリン

□YG

2023年度　面接実施問題

◆実技試験(1次試験)

※中高保体，特支中高保体，中高音楽，特支中高音楽，中高美術，特支中高美術，高校書道では，実技試験を実施する。

▼中高保体，特支中高保体

【必修課題】

□水泳

クロール又は平泳ぎで25m泳ぐ。

※飛び込み又は水中からのスタートは，自由選択とする。

※練習は各自で1本できる。

※評価基準

得　点	評　　価　　の　　観　　点
25点	・　正しい泳法で，25mをスピードに乗って泳ぐことができる。
20点	・　正しい泳法で，25mを泳ぐことができる。
15点	・　泳法には難があるが，25mを泳ぐことができる。
10点	・　25mを泳ぐことができる。
5点	・　25m泳ぐことができない。

【選択課題1】

※下記の3種目から，1種目を選択。

□ダンス

　創作ダンス(音楽なし，1分以内)

※構想時間は5分与えられる(練習も含む)。

※2人ずつ実施。

※評価基準

得　点	評　　　　価　　　　の　　　　観　　　　点
２５点	・テーマの発想がより独創的であり，変化をつけた「ひとながれの動き」を大きく動くことができる。
２０点	・テーマの発想に工夫があり，変化をつけた「ひとながれの動き」で表現できる。
１５点	・テーマの発想から「ひとながれの動き」を表現できる。
１０点	・課題とテーマが合っていないが，「ひとながれの動き」ができる。
５点	・「ひとながれの動き」ができていない。

□柔道

　受け身(立位から後受け身(2回)，立位から横受け身(右→左)，前回り受け身(右→左))，かかり練習(前回りさばき又は後ろ回りさばきを用いて5回，5回目に投げる動作(かけ)を行う)

※かかり練習は1人で行う。

※練習は各自で2分間できる。

※2人ずつ実施。

※評価基準

得　点	評　　価　　の　　観　　点
２５点	・　基本動作が正確に身に付いており，スムーズにできる。
２０点	・　基本動作が正確にできる。
１５点	・　基本動作が概ねできる。
１０点	・　基本動作がようやくできる。
５点	・　基本動作ができない。

□剣道

　中段の構え，素振り(上下振り，正面打ち，跳躍素振り)，空間打突
(大きく面打ち，小さく面打ち，小手－面打ち)

※練習は各自で2分間できる。

※2人ずつ実施。

※評価基準

得　点	評　　価　　の　　観　　点
２５点	・　基本動作が正確で，構えもよく，体さばきがスムーズにできる。 ・　剣体が一致した基本の打突ができることに加え，打突を素早く，力強くできる。
２０点	・　基本動作が正確にできる。 ・　剣体が一致した基本の打突ができる。
１５点	・　基本動作が概ねできる。 ・　剣体が一致した基本の打突がよくできない。
１０点	・　基本動作がようやくできる。 ・　剣体が一致した基本の打突ができない。
５点	・　基本動作ができない。 ・　基本の打突を理解していない。

【選択課題2】

※下記の3種目から，2種目を選択。

□陸上競技(ハードル走)

晴天時：アジャスタブルハードル4台(インターバルは，男子7.5m，
女子6m)

雨天時：アジャスタブルハードル3台(インターバルは，男女とも
6m)

※練習は各自で1本できる。

※2人ずつ実施。

※評価基準

得　点	評　　価　　の　　観　　点
２５点	・遠くから踏み切り，振り上げ脚を振り下ろしながら，反対の脚（抜き脚）を素早く前に引き出すことができる。 ・ハードリングとインターバルの走りを3歩のリズムで，滑らかにつなぐことができる。
２０点	・遠くから踏み切り，振り上げ脚をまっすぐに振り上げ，ハードルを低く走り越すことができる。 ・ハードリングとインターバルの走りを3歩のリズムで，つなぐことができる。
１５点	・遠くから踏み切り，抜き脚を折りたたんで前に運ぶなどの動作でハードルを越すことができる。 ・ハードリングとインターバルの走りを3又は5歩のリズムで，つなぐことができる。
１０点	・抜き脚を折りたたんで前に運ぶなどの動作でハードルを越すことができない。 ・ハードリングとインターバルの走りを3又は5歩のリズムで，つなぐことができない。
５点	・ハードルを越すことができない。 ・ハードリングとインターバルの走りをつなぐことができない。

□器械運動(マット運動)

伸膝前転→倒立前転(方向転換)→伸膝後転又は後転倒立→Y字バラン
ス又は水平バランス→前方倒立回転又はロンダート

※練習は一連の動作を1回できる。

※1人ずつ実施。

※評価基準

得　点	評　価　の　観　点
２５点	・　一連の動作が正確で安定しており，美しいフォームでダイナミックに連続してできる。
２０点	・　一連の動作を安定したフォームでリズミカルにできる。
１５点	・　リズムが悪いが，一連の動作は連続してできる。
１０点	・　個々の動作はできるが，連続してできない。
５点	・　個々の動作が不正確でぎこちない。

□球技(バレーボール)

1人3段攻撃(反対側のコートから投げ入れられたボールを「アンダーレシーブ」，「オーバーハンドトス」の順でボールをあげ，最後に「スパイク」で反対側のコートに入れる)

※ネットの高さは，男子2m30cm，女子2m10cm

※練習は，2人組で3分間できる。

※1人ずつ2回実施。

※評価基準

得　点	評　価　の　観　点
２５点	・　一つ一つのプレーが高度である。 ・　相手チームを仮想した高度なプレーができる。
２０点	・　プレーが正確で，次の動作につながるプレーができている。 ・　ボールの処理及び動きがリズミカルである。
１５点	・　基本技能は，正確にできる。 ・　ボールの処理及び動きにスピードがない。
１０点	・　基本技能はできるが，実践的ではない。 ・　一連の動きにリズムやスピードがない。
５点	・　基本技能が不正確である。 ・　ボールコントロールやボディーコントロールにミスが目立つ。

▼中高音楽，特支中高音楽

【課題1】

□ピアノ

【課題2】

□声楽及び指揮

【課題3】

□リコーダー

※中学校，特支中高音楽の受験者のみ実施

【課題4】

□専門実技

※高等学校の受験者のみ実施

※評価基準

ア　ピアノ

　　コードネームの付いたメロディ譜を与え，伴奏付けを課すことにより，授業に必要なピアノ伴奏の技能と音楽的な感受性をみる。

イ　声楽及び指揮

　　（声楽）

　　発声法，表情，表現力，発音等の歌唱力をみる。

　　（指揮）

　　リズムやテンポ，ダイナミックス，曲想の変化等の表現能力，指揮に関する基礎的技能をみる。

ウ　リコーダー

　　指定の曲を課し，演奏技能・表現法をみる。

エ　高等学校専門実技

　　各自が準備した曲について，専門的な技能と音楽的な感性をみる。

▼中高美術，特支中高美術

【課題1】　　60分

□メラミンスポンジを持つ手を，以下の条件に留意して鉛筆で写実的に描け。

〈条件〉

① 解答用紙は，縦向きにすること。

② メラミンスポンジの持ち方は，自由に設定してよいが，すべてを隠してはならない。

③ メラミンスポンジは，切る等の加工をせず，そのまま使用すること。

④ 配布されたシールに受験番号を記入し，画面の四隅のいずれかに貼付すること。

【課題2】　120分

□地産地消を啓発するポスターを，以下の条件に留意してデザインせよ。

〈条件〉

① 解答用紙は，縦向きにすること。

② 啓発する対象については，各自設定すること。

③ ポスターのキャッチコピーは，「地元を食べよう」とする(キャッチコピーは，漢字をひらがなに変えてもよい)。

④ 彩色は水性絵の具で行い，色数の制限はない。また，白は彩色してもしなくてもよい。

⑤ 別紙に，受験番号の記入と，デザインしたポスターの説明を記述し，解答用紙の下部に貼付すること。

※評価基準

ア　実技問題の趣旨を理解しているか。

イ　実技問題の条件(指示内容)をクリアしているか。

ウ　美術の教師として，豊かな発想力や計画性，創造的な技能を発揮しているか。

手のデッサン…発想力(コンセプト)，表現力(技術力)，構成力，計画性

ポスター制作…発想力(課題のねらいに沿ったデザイン，伝達性)，構想力(画面構成，配色，計画性)，表現力(知識，技能)

▼高校書道

【課題1】

□次の古典「九成宮醴泉銘」を半紙二行に臨書せよ(落款は「翔平臨□」
　とすること)。

【課題2】

□次の古典「蘭亭序」を半紙二行に臨書せよ(落款は「翔平臨□」とすること)。

【課題3】

□次の古筆「蓬莱切」を指定の半紙に臨書せよ(落款は不要とする)。

「おほぞらにむれたるたづのさしながらおもふこゝろのありげなるかな」

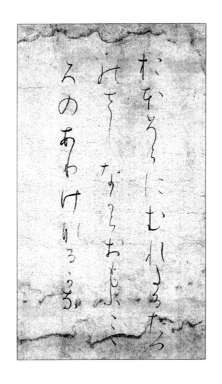

【課題4】

□次の古典「礼器碑」を半紙に臨書せよ(落款は「翔平臨□」とすること)。

43

【課題5】

□次に示す①・②の内容を，別紙A4サイズの賞状用紙に，小筆を用い
て楷書で体裁よく書け。

①

第１位
　明達西高等学校
　ソフトボール競技
　令和４年５月２９日

②

第２位　　男子ダブルス
　彩華高等学校
　宅間　ひかる
　阿部　大輔
　バドミントン競技
　令和４年８月１６日

※競技名をここに揮毫

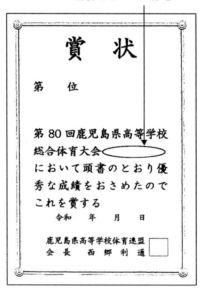

44

【課題6】

□次の文を，別紙の枠に硬筆の手本として作成せよ。下記の〈注意〉
をよく読んで書くこと。

　月日は百代の過客にして，行きかふ年もまた旅人なり。

　　　　　　　　松尾芭蕉『奥の細道』より

〈注意〉

①　指定の黒のボールペンを使用すること。

②　行書を用い，縦書きで体裁よく書くこと。

③　一行に入る字数は指定しないが，最後の出典も書くこと。

【課題7】

□次の句を，漢字仮名交じりの書として半切 $\frac{1}{2}$ に創作せよ。紙の使用
は縦横自由とするが，漢字仮名の変換は認めない。落款は「石鼎の
　句　翔平かく□」とすること。

　初夏や蝶に眼やれば近き山　　　　（原　石鼎）

【課題8】

□次の①・②の中から一つを選び，半切に創作せよ。用紙の使用は縦
　横自由とする。下記の〈注意〉をよく読んで書くこと。

①　午陰閑淡茶煙外　暁韻蕭疎睡雨中　　　　（蘇子美）

②　君がため　惜しからざりし　いのちさへ

　　　　　　　　長くもがなと　思ひけるかな　　　　（藤原義孝）

〈注意〉

　①は漢字作品。行数は自由とし，新旧字体・書写体の使用も自由と
する。落款は「翔平書□」とすること。

　②は仮名作品。行数は自由とし，漢字仮名の変換，変体仮名の使用
も自由とする。落款は「翔平かく□」とすること。

※評価基準

ア　楷書の臨書が的確にできているか。

イ　行書の臨書が的確にできているか。

ウ　仮名の臨書が的確にできているか。

エ　隷書の臨書が的確にできているか。

オ　実用書(賞状)の形式を理解し，調和よく表現できているか。

カ　行書の字形等を正しく理解し，ボールペンで的確に表現できているか。

キ　漢字仮名交じりの書，漢字の書，仮名の書の創作として的確に表現できているか。

ク　表現が紙面に対して調和よくできているか。

◆実技試験(2次試験)

※小学校，特別支援学校小学部，中高家庭，中高英語，特別支援学校英語では，実技試験を実施する。

▼小学校教諭・特別支援学校小学部

【課題1】

□水泳

同じ泳法で25m泳ぐ。

※評価基準

得　　　点	評　　価　　の　　観　　点
7　点	正しい泳法で手足の調和のとれた動きで，スムーズに２５ｍを泳ぐことができる。
5　点	正しい泳法で２５ｍを泳ぐことができる。
3　点	同じ泳法で２５ｍを泳ぐことができる。
1　点	２５ｍを泳ぐことができない。

※練習は1回できる。

【課題2】

□機械運動

前転・開脚前転・後転・開脚後転・側方倒立回転の動作を連続して行う。

※評価基準

得　点	評　　　価　　　の　　　観　　　点
7　点	個々の動作が連続して，よどみなく正確にできる。
5　点	連続しているが，個々の動作に正確さを欠く。
3　点	動作が不正確である。
1　点	個々の動作ができない。

※練習は1回できる。

【課題3】

□体操

　ラジオ体操第一を行う。

〈評価基準〉

得　点	評　　　価　　　の　　　観　　　点
6　点	一連の動作が正確で，ダイナミックに調子よくできる。
4　点	一連の動作は正確にできるが，ダイナミックさに欠ける。
2　点	正確さとダイナミックさに欠ける。
1　点	個々の動作が不正確でぎこちない。

▼中高英語・特別支援学校英語　20分

【課題】

□グループディスカッション(4～7人)

〈テーマ〉

・(午前)What should you consider when teaching English using English?

・(午後)How do you improve your students' motivation to learn English?

※テーマ発表後，1分間の構想時間の後，まず各自の主張発表をする。

　その後，討論を行う(討論時間は9分とし，人数に応じて短くなる)。

▼中学家庭　40分

【課題】

□試験用布に1～6を行い，図のとおり完成させなさい(ただし，1～6を

行う順は問わない)。

1　切り替え縫い
　　・試験用布(ウ)の所定の位置にギャザーを寄せ，試験用布(イ)と縫い合わせる。

2　肩縫い
　　・試験用布(ア)と(イ)を合わせ，所定の位置をミシン縫いし，縫いしろを割る。

3　えりぐりの始末
　　・えりぐりにバイアステープをつけ，ミシンをかける。
　　・バイアステープで縫いしろをくるみ，表側から押さえのミシンをかける。

4　脇縫い
　　・所定の位置をミシン縫いする。
　　・縫いしろは二度縫いで適切に始末する。

5　すその始末
　　・すそを指示通りに折る。
　　・試験用布(ア)の所定の位置になみ縫いをする。
　　・試験用布(ア)の所定の位置にまつり縫いをする。
　　・試験用布(ウ)の所定の位置に三つ折り縫いをする。

6　スナップつけ
　　・試験用布(ア)の所定の位置にスナップをつける。

図（試験用布）

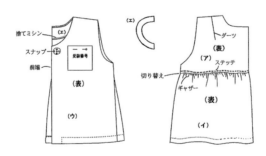

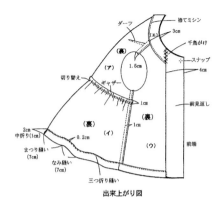

出来上がり図

※事前に準備の時間を15分間，事後に仕上げ・後始末(アイロン仕上げ
　を含まない)の時間を10分間とする。

※評価の観点及び基準

・布を用いた物の製作等を指導する際の知識と技術が身に付いている
　か。

・指示どおりの場所に指示どおりの縫い方ができているか。

・全体のできばえがよいか。

・材料，用具を適切に扱えるか。

▼高校家庭　60分

【課題】

□試験用布に，1〜8を行い，図のとおり完成させなさい(ただし，1〜8
　を行う順は問わない)。

1　えりぐり見返しを作る。

・試験用布(エ)に接着しんを適切に貼る。

・試験用布(エ)の所定の位置に，捨てミシンをする。

2　ダーツ縫い

・試験用布(ア)のダーツを縫う。

・始末は片倒しとする。

3　切り替え縫い

・試験用布(イ)の所定の位置にギャザーを寄せ，試験用布(ア)と縫い合わせる。

・試験用布(ア)の所定の位置に表から押さえのステッチをかける。

4　肩縫い

・試験用布(ア)と(ウ)を合わせ，所定の位置をミシン縫いする。

・縫いしろは二度縫いで適切に始末する。

5　えりぐりの始末

・試験用布(エ)を用いて，えりぐりを適切に始末する。

・前見返し端の所定の位置を千鳥がけでとめる。

6　脇縫い

・所定の位置をミシン縫いする。

・縫いしろは二度縫いで適切に始末する。

7　すその始末

・前見返しの下端の始末をする。

・すそを指示通りに折る。

・試験用布(イ)～(ウ)の所定の位置に三つ折り縫いをする。

・試験用布(イ)の所定の位置になみ縫いをする。

・試験用布(イ)の所定の位置にまつり縫いをする。

8　スナップをつける

・試験用布(ウ)の所定の位置にスナップをつける。

図（試験用布）

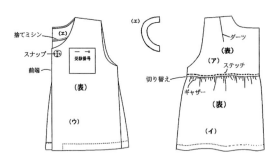

50

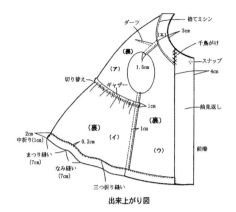

出来上がり図

※事前に準備の時間を15分間，事後に仕上げ・後始末(アイロン仕上げ
　を含まない)の時間を10分間とする。
※評価の観点及び基準
・日常着等の被服作品の製作を指導する際の知識と技術が身に付いて
　いるか。
・指示どおりの場所に指示どおりの縫い方ができているか。
・全体のできばえがよいか。
・材料，用具を適切に扱えるか。

◆グループ討議(2次試験)　35分
　※1グループ3～5人とする。
【テーマ】
□スポーツ庁の公立中学校の運動部活動の目指す姿をまとめた提言で
　は，2023年度から2025年度末までの3年間を目処に休日の運動部活
　動から段階的に地域に移行するよう提言しています。メリット・デ
　メリットを話し合った上で，今後の部活動のあり方等についてグル
　ープとしての考えを示してください。
□生徒間でSNSによるいじめの問題が発生しました。内容は，部活動

内のグループラインから外され，ライン上での誹謗中傷，不快な「あだ名」の記載，本人の写真の無断投稿など，陰湿で悪質なものでした。これを解決するために担任としてどのように対応すべきですか。グループとしての意見をまとめてください。

□あなたの学級に，忘れ物やなくし物が多かったり，じっとしていられず，すぐに気が散ったりしてしまう子がいます。この子に，どのような支援を行いますか。グループとしての意見をまとめてください。

□あなたの学級に，両親は家に不在のことが多く，両親に代わり，幼いきょうだいの世話(食事の準備や洗濯，風呂等の家事全般)をしている児童生徒がいます。この児童生徒を支援する手立てについて話し合った上で，グループとしての意見をまとめてください。

□ダイバーシティとは多様性と訳される言葉です。お互いの違いを認め合い協力していけるような児童生徒を育てるダイバーシティ教育を推進するための具体策をグループで話し合ってください。

□校則見直しに取り組む中で，児童生徒から制服をやめて私服での登校にしたいとの要望がありました。グループとして，制服から私服導入に対する賛成，反対の立場を明確にして，その理由についてグループとしての意見をまとめてください。

□皆さんは，勤務する学校の「業務改善推進班」に任命され，学校全体のキャッチフレーズを考えることになりました。グループとしてのキャッチフレーズと，その理由を考えてください。

□あなたのグループは，教員志望者を増やすために，県のプロジェクトチームに任命されました。本県では，これまでホームページやSNS，チラシ配布等の活動を行ってきましたが，今後，新しいアイデアを求められています。教員志望者を増やすために効果的だと思われる活動について，グループとしての意見をまとめてください。

□今後，持続可能な社会の創り手となる子どもたちに新しい教科や単元等を設けるとすれば，それは，どのような資質・能力を育むことを目的とした，どのような内容になりますか。グループとして意見

をまとめてください。

□鹿児島県を訪れる観光客一人当たりが使う金額を「3年で2倍」に増やすためにはどうすればよいかを考え，そのための最初に打ち出す施策をグループで1つ決めてください。

□2022年4月から成年年齢が18歳に引き下げられました。このことによる課題を挙げたうえで，その解決に向けてどのようなことに取り組めばよいか，グループとしての意見をまとめてください。

□新型コロナウイルス感染症の拡大以降，私たちの生活スタイルは大きく変化しました。このうち，コロナの収束後の社会においても維持されると考えられるものを，その理由と合わせてグループ内でまとめてください。

□教師の魅力とは何ですか。また，学校に対して，教師不足や厳しい労働環境に対するネガティブな報道等も散見される中，あなたならどのようにして教師の魅力を発信していきますか。グループとしての意見をまとめてください。

□活字離れを防ぐために「本を読んでもらうための工夫」としてどのような方法が考えられますか。具体的な方法についてグループ内で話し合い，まとめてください。

□世の中の全ての自動車に，人や物に絶対にぶつからないシステムが搭載されるとともに，自動運転に変わったと仮定します。現代(2022年)にあるもので，不要になるものは何だと思いますか。逆に，現代にないもので，必要になるものは何だと思いますか。それぞれ，最も大きな変化と思われるものを1つずつグループで決めてください。

□日本のアニメやマンガが文化として注目されています。そこで，児童生徒から学校図書館へのマンガの導入について要望がありました。マンガの学校図書館導入に対する賛成，反対の立場を明確にして，その理由についてグループとしての意見をまとめてください。

□鹿児島県は，国内では岐阜県，海外では香港，米国ジョージア州などと姉妹都市盟約等を結んでいます。今後，鹿児島県がこれまで以

上に交流を活性化させるために，どんな取り組みをすればよいです
か。グループとしての意見をまとめてください。

□鹿児島県は，これまで火山噴火・台風など多くの自然災害に見舞わ
れてきました。学校における防災教育にはどのようなことが必要か，
グループとしての意見をまとめてください。

□2030年までに全世界で達成を目指す国際的な目標の1つに，気候変
動に代表される環境問題があります。この問題に対して学校が取り
組めることについてグループの意見をまとめてください。

□タブレット端末などのICT機器を活用した学びが広がっています。
学校における学びの変化を県民に伝えるキャッチフレーズを考えて
ください。

□教員が児童生徒に一方的に自分の知識やノウハウを伝える指導法か
ら，対話等を通して，児童生徒が自ら答えを導き出す指導法への転
換を図る際に気をつけるべき点は何ですか。グループとしての考え
をまとめてください。

□少子高齢化が進む中，「学校」は地域コミュニティにおいて重要な
役割を担っています。「地域に愛される学校づくり」について具体
的な施策をグループ内でまとめてください。

〈グループ討議の流れ〉

	時間	進行内容（●控室係，★担当，☆試験委員）	留意事項	評価
1　構想	5分	控室で「グループ討議カード」を渡す。 ●「これからグループ討議カードの内容について自分の考えをまとめてください。時間は，5分間です。　ただし，この場ではグループの者と話し合ってはいけません。必要があればメモをとってもかまいません。始めてください。」 　　～5分後～ ●「止めてください。」	○受験番号と氏名を確認し，受験番号順に割り振られたA～Eを受験者に指示する。	1　評価は，「評価の観点」(別紙参照)に基づいて観察し，総合的に判断する。
2　受験者入室前		●「グループ討議カードを持って試験室に入室してください。」 「入室したら，A～Eの指示された椅子の前に立ってください。」	○入室し，それぞれの椅子の前に立たせる。	2　観点別評価は次のとおり評価する。
3　グループ討議	35分	★「Aさんから受験番号を述べて着席してください。」 ★「これからグループ討議を行います。討議の時間は25分間です。時間内にグループの結論が導き出せるよう討議してください。」 ★「はじめに，討議テーマについてそれぞれの意見を述べてもらいます。一人1分程度で，全員が意見を述べてください。メモをとってもかまいません。」 「Aさんから順にお願いします。」 ★「それではここからは，発表された意見を基にグループ討議を行ってもらいます。司会や記録等は立てずに，時間まで討議を進めてください。残り時間は○分です。終了3分前にはこちらからお知らせします。それでは始めてください。」 ★(終了3分前)「残り時間は3分です。」 ★「グループ討議を止めてください。」 　試験委員からの質問	○評価の観点について観察する。 ○自発的に発表させ評価の観点について観察する。 ○グループ討議の間，発言が途切れても試験委員は質問等を行わない。 ○討議の進捗度合いに応じて，発言内容について確認したいことや討議に関連したことを受験者に質問する。	5　優れている 4　やや優れている 3　普通 2　やや劣る 1　劣る 0　極めて劣る 3　観点別評価を合計して，総合評価とする。 4　評価は，すべて別紙「グループ討議評価カード」に記入する。
4　終了		★「以上で，グループ討議を終わります。グループ討議カードを出口の箱に入れて退室してください。」		
5　評価	5分	☆「グループ討議評価カード」への記入		
（計）	45分			

〈配置図〉

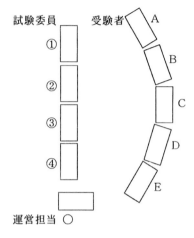

※評価の観点

1	リーダー性	○ 討議のきっかけや流れをつくることができるか。 ○ 異なる意見の調整ができるか。 ○ 横道にそれた議論を正しく修正することができるか。
2	論理性	○ 視点が明確で，発言がわかりやすいか。 ○ 発言に一貫性と整合性はあるか。 ○ 課題について正しい知識や情報を踏まえ，発言しているか。
3	協調性	○ 全員で結論を出そうとする態度が見られるか。 ○ 他人への適切な気配りを行っているか。 ○ 感情的にならずに議論できるか。
4	コミュニケーション能力	○ 自己の意見が他人によく理解されるよう表現を工夫しているか。 ○ 他人の立場や考え方に傾聴しているか。 ○ グループ内の討議の方向性や情報を共有しているか。
5	態度・意欲	○ 服装，言葉遣いは望ましいか。 ○ 表情は豊かであるか。 ○ 積極性，意欲，情熱が感じられるか。

▼小学校教諭

【テーマ】

□あなたのクラスに家事(ご飯、洗濯、兄弟のお世話)をしている子が
　います。その子に対する学校としてできる支援について話し合いな
　さい。答えを1つにまとめなさい。

▼中学国語　面接官4人　受験者3人

【テーマ】

□成年年齢が18歳に引き下げられたが，それによってどのような問題が生じるかを挙げ，それを踏まえてどのような取り組みが必要となるかグループとしての意見をまとめなさい。

【質問内容】

□どうして18歳に引き下げられたと思うか。

□挙がった取り組み以外にあなたが取り組みたいことは。

□問題として挙がった4つのうちあなたが取り組みたいことは。

・質問内容は挙手制で答える。

▼高校国語　面接官4人　受験者4人

【テーマ】

□読書離れが進んでいるが，どうすれば本を読むようになると思うか。具体的な方法をグループでまとめなさい。

【質問内容】

□グループの提案を実施するときに，何か課題があるか。

□グループの提案を実施するときに，気をつけることはあるか。

□これをもっと話し合えばよかったということはあるか。

・グループのメンバーは，高校国語3人＋特別支援保体1人であった。必ずしも同一科目志望者となるわけではない。

▼養護教諭　面接官4人　受験者4人

【テーマ】

□鹿児島県では教員志望者を増やすためにチラシやSNS等で活動を行っています。教員志望者を増やすために効果的な活動を新たな視点から考えてください。

【質問内容】

□集団討論する前と後で考え方が変わったことはあるか。

□初対面の人と討論するために気をつけたことはあるか。

・構想は，教室外でテーマの書かれた紙が配られた後に，1人で考える時間が5分与えられる。中に入ると席の後ろに立ち，受験番号のみを答えて着席するよう言われる。
・討論の始めに1人1分間で自分の意見を話す。
・討論終了の3分前に係の人から声がかかる。

◆個人面接(2次試験)　試験官2人
※面接は総括面接(10分)，担当面接(20分)の2回行われる。
※小学校教諭及び特別支援学校小学部では，総括面接の冒頭で1分以内の英語スピーチ(自己紹介等)が実施される。
※評価の観点

	観	点
1 指 導 性	(1) 適確な教育観や学校教育に対する課題をもち，教師としての自己を創造し発展させていく姿勢と能力が見られるか。	(課題解決・創造性)
	(2) 質問を的確にとらえる知性と能力をもち，それに対する考え方が公正・客観的で指導力や実践力が感じられるか。	(教養・実践力)
	(3) 自己の意見が他人によく理解されるよう表現を工夫し，説得力のある発言に努めているか。	(説得力)
2 社 会 性	(1) 自己について客観的に把握するとともに，望ましい対人行動や集団行動をとれるように努め，豊かな人間関係をもつよう努めているか。	(協調性)
	(2) 自己の主張や意見の根底に，自己をみつめ自己を確立しようとする人間性がうかがえ，自らよりよく生きようと努めているか。	(向上心)
	(3) 主張が独善的なものでなく，社会一般の良識や常識に合致し，社会の期待に応えようとする姿勢が見られるか。	(使命感)
3 論 理 性	(1) 冷静によく考えて意見を述べ，内容に一定の論理性と方向性があり思考に深まりが見られるか。	(熟慮・冷静)
	(2) 教職を希望する動機が明確であり，主張や意見が断片的な感想にとどまらず，一貫性と整合性があるか。	(指向性)
	(3) 視点が明確で，論理を体系化する能力が感じられるか。	(論理性)
4 態 度	(1) 服装，言葉遣い，礼儀作法は望ましいか。	(マナー)
	(2) 教職への積極性，意欲，情熱が感じられるか。	(意欲，積極性)
	(3) 落ち着いていて自信をもち，はつらつとした言動をとれるか。	(情緒)
5 そ の 他	○ 教員としての総合的な資質・能力を問う。(教育観，人権意識，社会常識等)	

▼小学校教諭
【質問内容】
□英語スピーチで意識したことは。
□働き方改革について。
□ICTについて。
□志望動機。
□学力向上について、自分がしていることは。
□教員として必要な資質は。

▼中学国語　面接官2人
【総括面接 質問内容】
□志望動機。
□実習はどこに行ったか。
　　→実習で感じたことは。
　　→生徒の様子はどうだったか。
□なぜ教育学部に進学しなかったのか。
□離島に行けるか。
□アルバイトは何をしているか。
□職務義務について知っているか，学んで感じたことは。
□中学での実習は未経験だが，何か取り組みたいことはあるか。
【担当面接 質問内容】
□大学で印象に残っていることは。
□オンラインと対面のちがいは。
□国語科でどのようにICTを活用したいか。
□鹿児島の教育の特徴や良さは。
□安心安全な学校づくりに必要なことは。
□学習指導要領の3つの資質・能力は。
□離島に行けるか，一人暮らしに不安はないか。
□なぜ高校ではなく中学を志望しているのか。
□部活動は文化部・運動部どちらも指導できるか。

▼高校国語　面接官2人

【総括面接 質問内容】

□鹿児島県教育振興基本計画の根拠の法律名は第何条か。

□鹿児島県教育振興基本計画の目標は。

□地方公務員法第30条の条文は。

□20代は何をしていたか。

□なぜ高校教員なのか。

□離島に行けるか。

□鹿児島県の学校における業務改善アクションプランの目標を2つ答えよ。

□鹿児島県の学校における業務改善アクションプランの計画は何年間だったか。

□正規の勤務時間を超える勤務は一年間に何時間以内か。

□今回で試験は何回目か。

　　→もし落ちたらどうするか。

□民間の就職試験を受けているか。

□高校のみの希望だが，それでいいのか。

□国語をどうやって教えているか。

□高校の先生との交流はあるか。

□高校の研究授業などに行っているか。

□中学校で3年生を担当するのは何回目か。

□前回の2次試験は何年前か。

【担当面接 質問内容】

□今までで一番頑張ったことは。

□ヤングケアラーへの対応は。

□反抗的な生徒への対応は。

□個別最適な学びはどうやったら実現できるか。

□個別最適な学びはICTがあれば実現できるのか。

□業務改善にどう取り組んでいるか。

　　→業務改善は効果があったか。

□キャリア教育とは。

　→なぜ，キャリア教育が必要になったのだと思うか。

□ICTを活用しているか。

　→そのICTの活用方法は効果があったか。

　→ICTをこれからどう活用していきたいか。

□男女平等をどういった教育で実現していくか。

□古典に感銘を受けたことがあるか。

　→その古典の魅力をどうやって生徒に伝えるか。

□中学と高校の国語の目標は違うが，その違いを踏まえて，中学生，高校生にそれぞれどう教えるか。

□離島に行けるか。

　→離島に行くことについて家族は何と言っているか。

□もし落ちたらどうするか。

□国語で生徒にどういった力を身につけさせたいか。

□特別支援の国語で受かったらどうするか。

　→特別支援の国語から高校の国語へは交流でなかなかいけないが，大丈夫か。

▼養護教諭　面接官2人

【総括面接 質問内容】

□志望動機。

□心に残っている言葉。

□単位は足りているか。

□志望校種の確認。

□研修の意義が書かれている法律について。

□服務の根本基準の内容について。

□残業は月何時間までと定められているか。

□部活について。

□部活の良さ，培ったこと。

□リフレッシュ方法について。

□県内どこでも行けるか。

□離島での生活のイメージがつくか。

【担当面接 質問内容】

□単位は足りているか。

□卒業できそうか。

□どんな養護教諭になりたいか。

□大学で特に力を入れた分野は。

□志望校種について。

□卒論について。

□離島での勤務は可能か。

□教育実習で困ったことは。

□部活動中に熱中症で運ばれた児童に，後日どのような指導をするか。

□教室になかなか戻りたがらない生徒にどのような声かけをするか。

◆適性検査(2次試験)　75分

　▼全校種

【内容】

□クレペリン

□YG

2022年度　面接実施問題

◆実技試験(2次試験)　90分

▼小学校教諭・特別支援学校小学部体育

【課題1】

□水泳

　同じ泳法で25mを泳ぐ。

※評価基準は以下の通り。

得　点	評　価　の　観　点
7　点	正しい泳法で手足の調和のとれた動きで，スムーズに２５ｍを泳ぐことができる。
5　点	正しい泳法で２５ｍを泳ぐことができる。
3　点	同じ泳法で２５ｍを泳ぐことができる。
1　点	２５ｍを泳ぐことができない。

【課題2】

□機械運動

　前転・後転・開脚前転・開脚後転・側方倒立回転の動作を連続して行う。

※評価基準は以下の通り。

得　点	評　価　の　観　点
7　点	個々の動作が連続して，よどみなく正確にできる。
5　点	連続しているが，個々の動作に正確さを欠く。
3　点	動作が不正確である。
1　点	個々の動作ができない。

□体操

ラジオ体操第一を行う。

※評価基準は以下の通り。

得　点	評　　価　　の　　観　　点
６　点	一連の動作が正確で，ダイナミックに調子よくできる。
４　点	一連の動作は正確にできるが，ダイナミックさに欠ける。
２　点	正確さとダイナミックさに欠ける。
１　点	個々の動作が不正確でぎこちない。

▼中学・特別支援学校(中高)家庭

【課題】

□試験用布に1〜7を行い，図のとおり完成させなさい。

1　ポケットつけ

・試験用布(ア)のポケット口を三つ折り縫いする。

・試験用布(ア)を(イ)の所定の場所に縫いつける。

・ポケット口は，四角止めする。

2　肩縫い

・試験用布(イ)と(ウ)を合わせ，所定の位置をミシン縫いする。

・縫い代は二度縫いで適切に始末し，(イ)に片倒し。

3　脇縫い

・試験用布(イ)と(ウ)を合わせ，スリット止まりまで所定の位置をミシン縫いする。

・縫い代は割ってアイロンをかける。

4　なみ縫い，まつり縫い

・試験用布(イ)の所定の位置になみ縫い，まつり縫いをする。

5　三つ折り縫い

・試験用布(ウ)の所定の位置に三つ折り縫いをする。

6　スリット縫いの始末

・スリットのまわりを縫う。

7　スナップボタンつけ

・試験用布(ウ)の所定の場所にスナップボタンをつける。

図 （ 試 験 用 布 ）

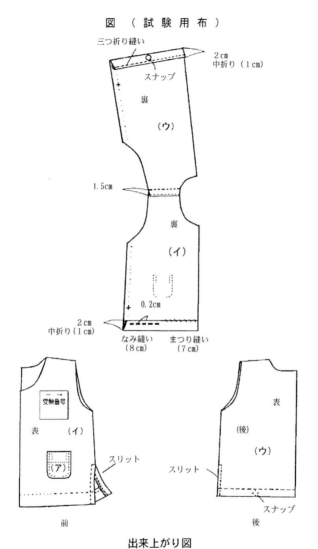

出来上がり図

※1〜7を行う順は自由とする。

※実施時間は40分間とする。事前に準備の時間を15分間，事後に仕上
　げ・後始末の時間を10分間とする。

▼高校家庭

【課題】

□試験用布に，1～5を行い，図のとおり完成させなさい。

1　えりつくり

・(ア)と(イ)を縫い合わせる。

2　肩縫い

・試験用布(ウ)と(エ)，(オ)と(エ)を合わせ，所定の位置をミシン縫いする。

・肩縫いは二度縫いし，(ウ)，(オ)に片倒し。

3　えりつけ

・えりつけはミシン縫い。

4　えりぐりの始末

・試験用布(エ)の所定の位置をまつり縫いで始末する。

5　なみ縫い，耳ぐけ，千鳥がけ

・試験用布(ウ)の所定の位置になみ縫いをする。

・試験用布(オ)の所定の位置に耳ぐけ(2cm間隔)，千鳥がけをする。

図　（試験用布）

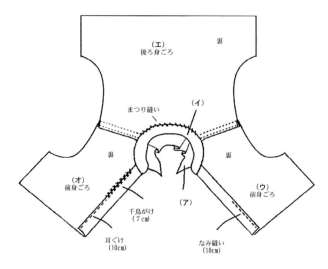

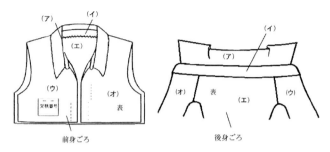

出来上がり図

※1～5を行う時間は自由とする。

▼中高・特別支援学校英語
【課題】
□グループディスカッション(4～7人)
〈テーマ〉
・(午前)How can you help students learn on their own?
・(午後)If your students ask you why they should learn English, what would be the best answer?
※グループメンバー各自が主張して,討論を行う。
※実施時間は20分程度としている。

◆グループ討議(2次試験)　試験官4人
※グループは3～5人とする。
※主な流れは,個人でテーマについて考える,討議室でグループ討議を行う,試験官の質問に答える。
【テーマ】
□授業中,児童生徒全員がタブレット端末を使用することによる成果と課題について協議し,グループとしての課題の解決策をまとめてください。

□「オンライン授業」ではなく，「対面授業」でしかできないこととは，どんなことだと考えますか。また，そのことが児童生徒の教育にどのようなプラスの効果をもたらすと考えますか。グループとしての意見をまとめてください。

□地域を元気にするために，クーポンの発行など，様々な分野で取組が行われています。自治体が取り組めることについて話し合い，グループとしてのアイデアをまとめてください。

□休日の部活動について，働き方改革の趣旨を踏まえて，段階的に外部指導者への移行を進めていくための手立てについて話し合い，グループとしての意見をまとめてください。

□学校教育における部活動の存在意義を話し合い，これからの在り方についてグループとしての意見をまとめてください。

□あなたの勤務する学校で制服を自由化することになりました。制服を自由化するにあたって，準備しなければならないことや実施までの計画等について協議してください。

□国民一人当たりの食品ロス量は，1日あたり130g(茶わん1杯のご飯の量に相当)であるとの結果が農林水産省から示されています。スーパーなどの売り手の立場で，家庭における食品ロスの発生を減少させるためのアイデアをグループとして提案してください。

□将来，若者が地元・ふるさとに残るために，どのような手立てが効果的だと考えますか。できるだけ費用をかけず，効果をあげられる方法をグループとして提案してください。

□あなたのグループは，大学生を対象にした「教員になろうプロジェクト」に選ばれ，教員の良さを伝える活動を行うことにしました。良さを伝えるのに効果があると考えられる活動をグループとして提案してください。

□あなた方のグループは，鹿児島の魅力を県外・世界に発信するプロジェクトチームに選ばれました。今までにない新しい視点でアピールをすることを前提に，グループとしてアピールする内容をまとめてください。

□これからの日本における外国人労働者受け入れの在り方について，グループとしての意見をまとめてください。

□令和元年7月に行われた第25回参議院議員通常選挙での投票率は，10歳代が32.28％，20歳代は30.96％，30歳代は38.78％でした。(全年代では48.80％)

　全年代の投票率と比べて，若年代の投票率が低いことについての問題点を整理した上で，投票率の向上にどのような方策が効果的かグループで提案してください。

□総務省「令和2年通信利用動向調査」によると，ソーシャルネットワーキングサービス(SNS)の全世代を合わせた利用者の割合は73.8％で，特に19歳以下と60歳以上の年齢層で他の年齢層と比べて伸びが大きいという結果になっています。今後，学校ではSNSの適切な使い方についてどのように指導するのが効果的であると考えますか。スマートフォンの学校への持ち込みの可否を含め，グループとしての意見をまとめてください。

□志布志市の「志布志市子ほめ条例」は，志布志市の児童生徒の個性や能力を発見し，これを表彰することによって，心身ともに健全な児童生徒を地域ぐるみで育てることを目的とするものです。このような，「教育」に関する条例を1つ考え，名称及び内容をグループとして提案してください。

□服装や頭髪に関して，細かい規定を定めた校則を変え，生徒の主体性を尊重して1項目のみの規定とすることになりました。どのような規定にするか，グループとしての意見をまとめてください。

□入学願書等の性別欄廃止など，LGBTへの配慮が進んでいます。性の多様性を尊重するために学校においてできることにはどのようなことがありますか。グループとしての意見をまとめてください。

□教員の仕事が，他の仕事と最も異なる点は何だと思いますか。また，そのことを踏まえて，教員として働く際に心掛けなければならないことは何だと思いますか。グループとしての意見をまとめてください。

□ジェンダーギャップ指数とは，世界経済フォーラムによって集計された，「経済」「政治」「教育」「健康」の4分野のデータから作成された男女格差を測った指数です。今年3月の発表によると，日本は120位／156か国という状況にあり，「教育」分野では学歴差などから92位でした。ジェンダーギャップ解消に向けて，「教育」に関してどのような取組が考えられるか，グループとして提案してください。

□これからの日本の発展のために，どのような産業や日本文化を海外に発信していけばよいと考えますか。最も効果が高いと考えるものを理由を含めてグループとして提案してください。

□AI(人工知能)に代替されない人間の能力にはどのようなものがありますか。最も代替されにくいと考える能力について，理由を含めてグループとしての意見をまとめてください。

□働き方改革は，学校だけではなく，働くすべての人にとって重要な課題です。よりよい職場環境をつくり，やりがいをもった働き方を推進するために，集団の一員としてどのようなことを心がければよいと思いますか。グループとしての意見をまとめてください。

□日本人として海外に誇れる強みを挙げてください。また，そのことを学校教育において，どのように生かすことができるか考え，グループとしての意見をまとめてください。

□本年7月，世界遺産に「奄美大島，徳之島，沖縄県北部及び西表島」が登録されました。これで鹿児島県は3つの世界遺産をもつ自治体となりました。学校では，世界遺産を題材としてどのような教育活動が考えられますか。教育活動における目標を明らかにした上で，グループとして提案してください。

□ユニセフの報告による子どもの幸福度の結果によると，日本は身体的健康分野では38か国中1位でしたが，精神的幸福度は38か国中37位でした。精神的幸福度の向上について，学校としてできること，1教員としてできることをグループで提案してください。

※評価の観点は，以下の通りである。

1　リーダー性	○　討議のきっかけや流れをつくることができるか。 ○　異なる意見の調整ができるか。 ○　横道にそれた議論を正しく修正することができるか。	
2　論理性	○　視点が明確で，発言がわかりやすいか。 ○　発言に一貫性と整合性はあるか。 ○　課題について正しい知識や情報を踏まえ，発言しているか。	
3　協調性	○　全員で結論を出そうとする態度が見られるか。 ○　他人への適切な気配りを行っているか。 ○　感情的にならずに議論できるか。	
4　コミュニケーション能力	○　自己の意見が他人によく理解されるよう表現を工夫しているか。 ○　他人の立場や考え方に傾聴しているか。 ○　グループ内の討議の方向性や情報を共有しているか。	
5　態度・意欲	○　服装，言葉遣いは望ましいか。 ○　表情は豊かであるか。 ○　積極性，意欲，情熱が感じられるか。	

▼小学校教諭

【テーマ】

□大学生に「教員になろうプロジェクト」を提案します。どのように
　活動したらよいか話し合いなさい。

▼小学校英特

【テーマ】

□学校に携帯を持ってくるのは，どう思いますか。

・5分間別室で構想。その後，移動。

・リーダーは立てずに，順番に思ったことを聞かれる。

・その後，討論をするが結論の発表はなし。

・役割は，タイムキーパーのみ。

▼小学校教諭

【テーマ】

□20代の選挙の投票率が低いその原因と改善策についてグループで見
　解を示して下さい。

※司会進行は立てないこと。

・別室で課題を読み構想を練る(5～10分)。

・初めに1人1分程度で自分の意見を述べる。

・その後20分ほど討論し，内容について最後に質問を受ける(試験官1人につき2質問ほど)。

▼中学校社会

【テーマ】

□鹿児島の魅力を県外，世界にアピールするプロジェクトを行います。全く新しい視点で鹿児島の魅力をアピールする前提で，どのようなアピールの方法ができますか。

　課題が提示され，5分間で構想を練る(控え室)→試験官が20分間計る。

〈変更点〉

・役割を立てずにフリートーク形式で行うように指示がなされた。

・計時は，試験官から「あと○分」と指示があった。

◆個人面接(2次試験)

※面接は総括面接(10分)，担当面接(20分)の2回行われる。

※個人面接では自己申告書を基にした質問を行う。

※小学校教諭では1分程度の英語スピーチがある。

※評価の観点は，以下の通りである。

	観　点	
1 指 導 性	(1)　適確な教育観や学校教育に対する課題をもち，教師としての自己を創造し発展させていく姿勢と能力が見られるか。	(課題解決・創造性)
	(2)　質問を的確にとらえる知性と能力をもち，それに対する考え方が公正・客観的で指導力や実践力が感じられるか。	(教養・実践力)
	(3)　自己の意見が他人によく理解されるよう表現を工夫し，説得力のある発言に努めているか。	(説得力)
2 社 会 性	(1)　自己について客観的に把握するとともに，望ましい対人行動や集団行動をとれるように努め，豊かな人間関係をもつよう努めているか。	(協調性)
	(2)　自己の主張や意見の根底に，自己をみつめ自己を確立しようとする人間性がうかがえ，自らよりよく生きようと努めているか。	(向上心)
	(3)　主張が独善的なものでなく，社会一般の良識や常識に合致し，社会の期待に応えようとする姿勢が見られるか。	(使命感)

3 論理性	(1) 冷静によく考えて意見を述べ，内容に一定の論理性と方向性があり思考に深まりが見られるか。 (熟慮・冷静)
	(2) 教職を希望する動機が明確であり，主張や意見が断片的な感想にとどまらず，一貫性と整合性があるか。 (指向性)
	(3) 視点が明確で，論理を体系化する能力が感じられるか。 (論理性)
4 態度	(1) 服装，言葉遣い，礼儀作法は望ましいか。 (マナー)
	(2) 教職への積極性，意欲，情熱が感じられるか。 (意欲，積極性)
	(3) 落ち着いていて自信をもち，はつらつとした言動をとれるか。 (情緒)
5 その他	○ 教員としての総合的な資質・能力を問う。(教育観，人権意識，社会常識等)

▼小学校教諭

【質問内容】

□職務上の義務。

□新学習要領の3つの柱。

□情報リテラシーとは。

□主体的に学ばせるには，どうしたらよいか。

□地元と鹿児島，2つ受けているが両方合格したらどうするのか。

□年下の先生ともやっていけるか。

・担当面接と総括面接の2回，英語によるスピーチ。

▼小学校英特

【質問内容】

□過去の経歴。

□なぜ小学校なのか。

□社会人時代の経験を何に生かせるか。

□英語のスピーチで意識したこと。

・毎年英語のスピーチ(自己紹介)は出ているので事前準備は必要。

▼小学校英特

【質問内容】

□小学校教員資格認定試験について(受験者だったため)。

□県の現状の課題。

□その課題をどう解決に導くか。

□教育実習を受けていないので不安はないか。

□なぜ小学校を希望するのか。

・少し圧迫面接気味を感じた。誠実に対応することが大切。

▼小学校教諭

【質問内容】

〈担当面接〉

□なぜ鹿児島を受けたのか。

□南北に広いが大丈夫か。

□実習で苦労したことは何か。

□同和問題以外での人種問題について。

□どんな教師になりたいか。

□3つの柱は何か。

□ストレス解消法は何か。

　　→穏やかな雰囲気。

〈総括面接〉

□英語のスピーチ。

　　→今意識したことは何か。

□鹿児島の教育課題は何か。

　　→それを改善するために何をするか。

□職務上の義務は何か。

　　→少し圧迫気味。

▼中学校社会

【質問内容】

〈担当面接〉20分　面接官2人

□心身の健康のために取り入れていることは何か。また，それはいつからやっているか。

□現任校での校務分掌。

□理想の教師像。

□2次試験は何回目か。

□離島勤務はできるか。

□分かる授業づくりであなたが大切に思っていることは何か。

□業務改善について→そのねらいは何か。現任校での取り組みは何か。あなた自身の取り組みは何か。

□日本の教育で評価されているポイント。

□学習指導要領改訂のポイント。

□教科での改訂のポイント。

〈総括面接〉10分程度　面接官2人

□2次試験は何回目か。

□今回の試験を迎えるにあたり，どんな学習を進めてきたか。

□理想の教師像を述べよ。

□生徒指導におけるあなたの指導観を述べよ。

□履歴書の内容から質問。

□離島勤務はできるか。

□鹿児島県外の採用試験を受けているか。また，一般企業の就職活動をしているか。

◆適性検査(2次試験)　75分

▼小学校教諭

【内容】

□クレペリン

□YG

・えんぴつが必要だった。

2021年度　面接実施問題

◆実技試験(1次試験)

▼中高音楽・特別支援学校(中高)音楽

【課題1】

□ピアノ

　コードネームがついたメロディ譜を伴奏する。

【課題2】

□声楽及び指揮

【課題3】(中学校・特別支援学校)

□リコーダー演奏

　指定の曲を演奏する。

【課題3】(高等学校)

□専門実技

　各自が準備した曲を演奏する。

※持参物はアルトリコーダー(中学校・特別支援学校)，任意の楽曲の演奏に必要な楽器及び楽譜(高等学校)である。ただし，ピアノ，コントラバス，ティンパニ，マリンバ，ハープは備え付けものものを使用できる。

※楽譜は試験当日の受付時に1部提出する。

▼中高保体・特別支援学校保体

【課題1】

※ダンス・柔道・剣道から1科目選択する。

□ダンス

　与えられた運動課題からイメージしたものをテーマにし一連の動きで表現できるかをみる

※評価基準は以下の通り。

得　点	評　　価　　の　　観　　点
３０点	・ テーマにふさわしい内容で一連の動きを明確に体全体でスムーズに表現できる。
２４点	・ テーマにふさわしい内容で一連の動きを明確にスムーズに表現できる。
１８点	・ テーマにふさわしい内容で一連の動きを明確に表現できる。
１２点	・ テーマと合っていないが運動課題を使って一連の動きができる。
６点	・ 運動課題を使って一連の動きができていない。

□柔道

　柔道の基本動作の体さばき，受け身，投げ技の崩し，技のかけができる。

※評価基準は以下の通り。

得　点	評　　価　　の　　観　　点
３０点	・ 基本動作が正確に身に付いており，スムーズにできる。
２４点	・ 基本動作が正確にできる。
１８点	・ 基本動作が概ねできる。
１２点	・ 基本動作がようやくできる。
６点	・ 基本動作ができない。

□剣道

　剣道の基本動作，基本の打突が充実した気勢，正しい姿勢，正確な打ちでできる。

※評価基準は以下の通り。

得　点	評　　価　　の　　観　　点
３０点	・　基本動作が正確で，構えもよく，体さばきがスムーズにできる。 ・　気剣体が一致した基本の打突ができることに加え，打突を素早く，力強くできる。
２４点	・　基本動作が正確にできる。 ・　気剣体が一致した基本の打突ができる。
１８点	・　基本動作が概ねできる。 ・　気剣体が一致した基本の打突がよくできない。
１２点	・　基本動作がようやくできる。 ・　気剣体が一致した基本の打突ができない。
６点	・　基本動作ができない。 ・　基本の打突を理解していない。

【課題2】

※陸上競技・器械運動・球技から2種目選択する。

□陸上競技(ハードル走)

　30mハードル走(ハードルの高さ61.0cm)

※評価基準は以下の通り。

得点	評価の観点
３５点	・遠くから踏み切り，振り上げ脚を振り下ろしながら，反対の脚（抜き脚）を素早く前に引き出すことができる。 ・ハードリングとインターバルの走りを３歩のリズムで，滑らかにつなぐことができる。
２８点	・遠くから踏み切り，振り上げ脚をまっすぐに振り上げ，ハードルを低く走り越すことができる。 ・ハードリングとインターバルの走りを３歩のリズムで，つなぐことができる。
２１点	・遠くから踏み切り，抜き脚を折りたたんで前に運ぶなどの動作でハードルを越すことができる。 ・ハードリングとインターバルの走りを３又は５歩のリズムで，つなぐことができる。
１４点	・抜き脚を折りたたんで前に運ぶなどの動作でハードルを越すことができない。 ・ハードリングとインターバルの走りを３又は５歩のリズムで，つなぐことができない。
７点	・ハードルを越すことができない。 ・ハードリングとインターバルの走りをつなぐことができない。

□器械運動(マット運動)

正確かつ安定したフォームで，一連の動作を連続してリズミカルにできる，

※評価基準は以下の通り。

得点	評価の観点
３５点	・ 一連の動作が正確で安定しており，美しいフォームでダイナミックに連続してできる。
２８点	・ 一連の動作を安定したフォームでリズミカルにできる。
２１点	・ リズムが悪いが，一連の動作は連続してできる。
１４点	・ 個々の動作はできるが，連続してできない。
７点	・ 個々の動作が不正確でぎこちない。

□球技(バレーボール)

基本技能，応用技能を一連のプレーの中で，正確かつリズミカルにできる。

79

※評価基準は以下の通り。

得　点	評　価　の　観　点
３５点	・　一つ一つのプレーが高度である。 ・　相手チームを仮想した高度なプレーができる。
２８点	・　プレーが正確で，次の動作につながるプレーができている。 ・　ボールの処理及び動きがリズミカルである。
２１点	・　基本技能は，正確にできる。 ・　ボールの処理及び動きにスピードがない。
１４点	・　基本技能はできるが，実践的ではない。 ・　一連の動きにリズムやスピードがない。
７点	・　基本技能が不正確である。 ・　ボールコントロールやボディーコントロールにミスが目立つ。

※準備するものは，必要な服装，用具，運動靴(上履き・下履き)等であった。

▼中高美術・特別支援学校(中高)美術

【課題1】(60分)

□ひも状の物体を持った手を，以下の条件に留意して鉛筆で写実的に描け。

〈条件〉

・解答用紙は，縦長で使用すること。

・ひも状の物体の長さ，太さ，材質，形状，色及び持ち方は自由とする。

・受験番号を，画面の適当な場所に入れること。

【課題2】(120分)

□次の情報は，日本の2018年度食料自給率である。

米(98%), 畜産物(15%), 油脂類(3%), 小麦(12%), 砂糖類(34%),
魚介類(61%), 野菜(73%), 大豆(21%), 果実(32%)

出典：農林水産省(一部抜粋)

　この情報を，小学校高学年の児童に説明することとなった。情報が視覚的に伝わるよう色や形，配色を工夫して，説明で使用するデザインボードを制作せよ。

〈条件〉

・解答用紙は，横長で使用すること。

・9品目のうち，6品目を自由に選択してデザインすること。

・「日本の食料自給率」というタイトルを入れること。

・彩色は水性絵の具で行い，色数に制限はない。

・白色は彩色しなくてもよい。

・文字の表現には，絵の具やペンを使用する(鉛筆描きは不可)。

・解答面は，受験番号を記入するシールが貼ってある面の裏面とする。

※準備するものは，各種の描画用鉛筆及び消し具，のり，はさみ，カッターナイフ，三角定規類，コンパス，水彩用具一式であった。

◆実技試験(2次試験)

▼小学校教諭・特別支援学校小学部体育

【課題1】

□水泳

　同じ泳法で25mスムーズに泳ぐことができる。

※評価基準は以下の通り。

得　点	評　　価　　の　　観　　点
7　点	正しい泳法で手足の調和のとれた動きで，スムーズに２５mを泳ぐことができる。
5　点	正しい泳法で２５mを泳ぐことができる。
3　点	同じ泳法で２５mを泳ぐことができる。
1　点	２５mを泳ぐことができない。

【課題2】

□器械運動

　一連の動作が，連続して正確にできる。(開脚前転，倒立前転，開脚後転or伸膝後転，水平バランスorY字バランス，ロンダート)

※評価基準は以下の通り。

得　点	評　　　価　　　の　　　観　　　点
7　点	個々の動作が連続して，よどみなく正確にできる。
5　点	連続しているが，個々の動作に正確さを欠く。
3　点	動作が不正確である。
1　点	個々の動作ができない。

【課題3】

□体操

　ラジオ体操第一

※評価基準は以下の通り。

得　点	評　　　価　　　の　　　観　　　点
6　点	一連の動作が正確で，ダイナミックに調子よくできる。
4　点	一連の動作は正確にできるが，ダイナミックさに欠ける。
2　点	正確さとダイナミックさに欠ける。
1　点	個々の動作が不正確でぎこちない。

▼中高英語

【課題】

□グループディスカッション(4〜7人)

〈テーマ〉

・(午前)What are some advantages of learning English at school and not at home?

・(午後)What do you want your students to learn though studying English?

※グループメンバー各自が主張して，討論を行う。

※実施時間は20分程度としている。

▼中学家庭

【課題】

□試験用布に次の1～4を行い，指示通り完成させなさい。

1　すその始末

・試験用布(ア)の所定の位置になみ縫いをする。

・試験用布(ア)の所定の位置にまつり縫いをする。

・試験用布(イ)の所定の位置に三つ折り縫いをする。

2　肩縫い

・試験用布(ア)，(イ)を合わせ，所定の位置をミシン縫いする。

・縫いしろは二度縫いし，(ア)に倒す。

3　そでつけ

・試験用布(ウ)のそでをつける。ただし，シャッスリーブとする。

4　そで下・脇縫い

・試験用布(ア)，(イ)を合わせ，所定の位置をミシン縫いする。

図

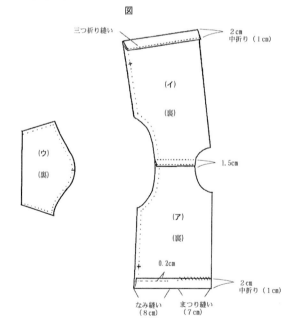

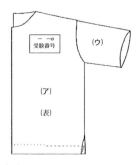

※1〜4を行う順は自由である。

※実施時間は40分とする。事前に準備の時間を10分間，事後に仕上げ・後始末(アイロン仕上げを含まない)の時間を10分間とする。

▼高校家庭・特別支援学校家庭科

【課題】

□試験用布に，1〜6を行い，図の通り完成させなさい。

1　肩縫い

・試験用布(ア)と(イ)，(イ)と(ウ)を合わせ，所定の位置をミシン縫いする。

・右肩縫いは，折り伏せ縫い。(ア)に倒し，出来上がり幅は1cm。

・左肩縫いは，二度縫い。(ウ)に片倒し。

2　すそのしまつ

・試験用布(ア)の所定の位置になみ縫いをする。

・試験用布(ウ)の見返しの下端を始末する。

・試験用布(ウ)のすそを指示通りに折り，三つ折り縫いをする。

3　えりつくり

4　えりつけ

5　えりぐりの始末

・バイアステープを用いて，えりぐりの始末をする。

・バイアステープの仕上がり幅は，1.0〜1.2cmとし，まつり縫いとす

る。
・前見返し端の所定の位置にまつり縫いをする。

6　スナップつけ

・所定の位置にスナップを付ける。

図　（試験用布　）

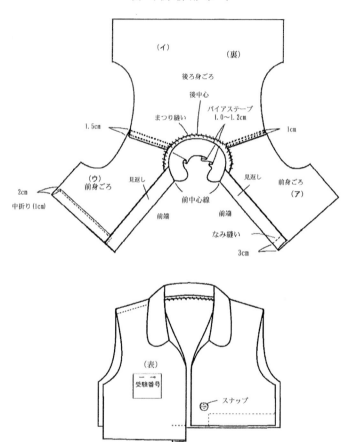

※実施時間は60分間であり，事前に準備時間を10分間，事後に仕上
　げ・後始末(アイロン仕上げを含まない)の時間を10分間とする。

◆グループ討議(2次試験)　面接官4人

　※グループは3～5人とする。

　※主な流れは，個人でテーマについて考える，討議室でグループ討議
　　を行う，試験官の質問に答える，となる。

【テーマ】

□「早起きは三文の得」という諺は，早起きにより，仕事や勉強がはかどるなど，ごくわずかでも得があるという意味です。自身の経験から，一日の過ごし方で早起き以外に良かった例を挙げて話し合い，グループ内で共有し，「○○は三文の得」を5つ以内で提案してください。

□「正常性バイアス」や「同調性バイアス」という言葉があるように，人の心には異常を感じてもある程度までは，「たいしたことはない」，「自分は大丈夫」と考えたり，周囲と異なる行動を取りたがらなかったりする傾向があり，災害時などに危機を楽観的にとらえたり，不安を感じても周囲に合わせたりして逃げ遅れにつながることがあると言われています。災害時において，そうした心理傾向に対して，どのように対処すればよいか考え，話し合った上で，グループとしての見解を示してください。

□これからの日本は，少子高齢化，情報化，グローバル化，人工知能の発達など，社会が加速度的に変化し，先を予測することがますます困難となることが予想されますが，10年後の教師の働き方はどのように変化するのか考え，話し合った上で，グループとしての見解を示してください。

□今年，我が国の教育制度の改革案として，学校の9月入学が話題になりました。このことについて，賛成か反対か話し合い，理由を添えてグループとしての見解を示してください。

□現代社会では，一人一人のコミュニケーション能力の不足により，人間関係に関わるトラブルが起こりやすいと言われています。それに加えて，コロナ禍により人間関係の希薄さが益々顕著になることが予測される中，他人の気持ちを思いやり，望ましい人間関係を築

ける子供たちを育てていくために，学校が果たすべき役割はどのようなことでしょうか。話し合った上で，グループとしての見解を示してください。

□「食品ロス」とは本来食べられる食品を捨ててしまうことで，日本人の1人当たりの食品ロス量は1年で約48kg (平成29年度推計値)に相当し，これは日本人1人当たりが毎日お茶碗一杯分のご飯を捨てているのと同じ量になるそうです。

こうした食品ロスをなくすために，どのような手立てが考えられますか。話し合った上で，グループとしての手立てを提案してください。

□2018年12月8日に改正入管法(出入国管理及び難民認定法及び総務省設置法の一部を改正する法律)が成立し，2019年4月1日から施行され，外国人労働者の受け入れが拡大されています。今後，本県においても外国人労働者が増えていくことが予想されます。

そこで，外国人労働者が増加することに伴って発生する問題を予想し，その解決策について話し合った上で，グループとしての見解を示してください。

□AI(人工知能)の進化で，これまで人が行ってきた仕事が機械で代替できる時代が着実に進んでいます。しかし，AIが万能であるとは限らず，必ず人の力でなければ成し得ない仕事もあります。

これからの時代において，AIと共存していく上で，人間に必要となる能力にはどのようなものがあるか話し合った上で，グループとしての見解を示してください。

□SNS(ソーシャルネットワーキングサービス)による誹謗中傷が社会問題となっています。

「被害者の人権」と「言論・表現の自由」などを踏まえ，SNSを活用する上で大切な態度とその理由について話し合った上で，グループとして，SNSによる人権問題の解決に向けて社会に呼びかけるキャッチフレーズにまとめ，提案してください。

□文部科学省から，「中学生の携帯電話やスマートフォンについて，

学校への持ち込みを容認する」素案が示され，例えば大阪府では，児童生徒の登下校時の安全確保のために，携帯電話等の所持を一部解除する考えが示されるなど，学校における携帯電話等の取り扱いについて議論がなされています。学校における携帯電話等の取り扱いはどうあるべきかグループで話し合った上で，「学校における携帯電話の取り扱いルール○ヶ条」にまとめ，提案してください。(○に入る数はグループで考えること。)

□鹿児島県では，「教師」という仕事の魅力を伝えるため，教員採用PRビデオ「先生になろう」を制作し，公開しました。

「教師」という仕事に夢や希望を抱かせるため，今後，ビデオやポスター，ちらしにキャッチコピーを掲載するとしたら，どのようなキャッチコピーがよいと思いますか。話し合った上で，グループとしての見解を示してください。

□職場で起こりうるハラスメント行為には，どのようなものがあると考えますか。また，そうしたハラスメント行為が起こりうる背景を含めて，それを未然に防ぐための手立てについて議論した上で，職場に掲示する「ハラスメント防止○ヶ条」を作成してください。(○に入る数はグループで考えること。)

□グループのみなさんは，ある学校の同じ学年の担任です。年度初めに校長から「この学校では，宿題を廃止します。」との学校経営方針が出されました。

校長の意図する目的は何か考え，その目的を踏まえて，どのように子どもたちの学力を向上させるか，話し合った上で，グループとしての具体的な方策を示してください。

□「人間的(内面的)に成長する」や「心をみがく」といった表現がありますが，そのために，教師として日頃から心がけるべきことを考え，グループで話し合った上で，提案してください。

□コロナ禍においては，在宅勤務やテレワーク，オンライン授業など，個々がそれぞれに活動する場面が増えてきました。こうした中で今後，社会は一斉から個別の時代になっていくのではという意見もあ

ります。このことについてのメリット，デメリットについて考え，話し合った上で，個別の時代の是非についてグループとしての見解を示してください。

□学校の統廃合により，使用されなくなった学校の施設はどのように活用することができるでしょうか。

グループで話し合った上で，グループとして具体的な活用法を提案してください。

□児童・生徒が「皆勤」であることを表彰している学校があります。一方で，社会では働き方改革の中，有給休暇の取得促進が求められています。そうした中で「皆勤」のもつ意味を話し合い，グループとしての見解を示してください。

□「『創業(新たな事業を始めること)』と『守成(既に成しとげた事業などを守っていくこと)』といずれか難き」という言葉があります。では実際に，新たな事業を始めることと，伝統のある事業などを維持し続けていくこととでは，どちらがより難しいと考えますか。

話し合った上で，理由を明らかにしてグループとしての見解を説明してください。

□地方では少子・高齢化が進み，本県でも県外への人材流出が指摘されています。

そうした中で，地域の活性化にはどのような視点が必要であると考えますか。話し合った上で，グループとしての見解を示してください。

□教師に求められる資質能力は，これまでにも提言されてきています。では，皆さんは教師にとってどのような資質能力が最も重要だと考えますか。グループで話し合い，これからの時代に求められる資質能力と，時代によらず不易として求められる資質能力をそれぞれ一つずつ挙げてください。

□平成29年中の救急自動車による救急出動件数は，634万2,147件(前年比13万2,183件増，2.1％増)，搬送人員は573万6,086人(前年比11万4,868人増，2.0％増)で救急出動件数，搬送人員ともに過去最高を更

新しました。

しかし，救急自動車による搬送人員のうち，最も多い傷病程度別は軽症(外来診療)278万5,158人(48.6％)だったそうです。

そこで，救急自動車の有料化の是非について話し合った上で，グループとしての見解を示してください。

□令和2年7月1日から，コンビニエンスストアやスーパーなど全国の小売店において，プラスチック製のレジ袋が，原則有料化されました。

そこで，レジ袋の有料化がプラスチックゴミの削減に効果があるか話し合った上で，レジ袋の有料化以外にプラスチックゴミの削減にとって効果的だと考えられる施策を一つ提案してください。

※評価の観点は，以下の通りである。

1	リーダー性	○ 討議のきっかけや流れをつくることができるか。 ○ 異なる意見の調整ができるか。 ○ 横道にそれた議論を正しく修正することができるか。
2	論理性	○ 視点が明確で，発言がわかりやすいか。 ○ 発言に一貫性と整合性はあるか。 ○ 課題について正しい知識や情報を踏まえ，発言しているか。
3	協調性	○ 全員で結論を出そうとする態度が見られるか。 ○ 他人への適切な気配りを行っているか。 ○ 感情的にならずに議論できるか。
4	コミュニケーション能力	○ 自己の意見が他人によく理解されるよう表現を工夫しているか。 ○ 他人の立場や考え方に傾聴しているか。 ○ グループ内の討議の方向性や情報を共有しているか。
5	態度・意欲	○ 服装，言葉遣いは望ましいか。 ○ 表情は豊かであるか。 ○ 積極性，意欲，情熱が感じられるか。

◆個人面接(2次試験)

※面接は総括面接(10分)，担当面接(20分)の2回行われる。

※担当面接では自己申告書を基にした質問を行う。

※小学校教諭では1分程度の英語スピーチがある。

※評価の観点は，以下の通りである。

	観　　　　点
1 指 導 性	(1)　適確な教育観や学校教育に対する課題をもち，教師としての自己を創造し発展させていく姿勢と能力が見られるか。　　　　　　　　　　（課題解決・創造性） (2)　質問を的確にとらえる知性と能力をもち，それに対する考え方が公正・客観的で指導力や実践力が感じられるか。　　　　　　　　　　（教養・実践力） (3)　自己の意見が他人によく理解されるよう表現を工夫し，説得力のある発言に努めているか。　　　　　　　　　　　　　　　　　　　　（説得力）
2 社 会 性	(1)　自己について客観的に把握するとともに，望ましい対人行動や集団行動をとれるように努め，豊かな人間関係をもつよう努めているか。　（協調性） (2)　自己の主張や意見の根底に，自己をみつめ自己を確立しようとする人間性がうかがえ，自らよりよく生きようと努めているか。　　　　（向上心） (3)　主張が独善的なものでなく，社会一般の良識や常識に合致し，社会の期待に応えようとする姿勢が見られるか。　　　　　　　　　　　（使命感）
3 論 理 性	(1)　冷静によく考えて意見を述べ，内容に一定の論理性と方向性があり思考に深まりが見られるか。　　　　　　　　　　　　　　　　　（熟慮・冷静） (2)　教職を希望する動機が明確であり，主張や意見が断片的な感想にとどまらず，一貫性と整合性があるか。　　　　　　　　　　　　　　　（指向性） (3)　視点が明確で，論理を体系化する能力が感じられるか。　　　　（論理性）
4 態 度	(1)　服装，言葉遣い，礼儀作法は望ましいか。　　　　　　　　　　（マナー） (2)　教職への積極性，意欲，情熱が感じられるか。　　　　（意欲，積極性） (3)　落ち着いていて自信をもち，潑溂とした言動をとれるか。　　　　（情緒）
5 そ の 他	○　教員としての総合的な資質・能力を問う。（教育観，人権意識，社会常識等）

◆適性検査(2次試験)

　▼小学校教諭

　【内容】

　□クレペリン，YG検査

2020年度　面接実施問題

2020年度　面接実施問題

◆実技試験(1次試験)

▼中高・特支保体

【課題1】

□水泳

平泳ぎ(25m)→ターン→他の泳ぎ(25 m)

※ねらい…平泳ぎでスタートして25m泳ぎ，折り返した後，他の泳ぎ
　で25mの計50mを，それぞれ正しい泳法でスピードに乗って泳ぐこ
　とができる。

※評価基準

得　点	評　　価　　の　　観　　点
２５点	正しい泳法で，２種目（各２５m）計５０mをスピードに乗って泳ぐことができる。
２０点	正しい泳法で，２種目（各２５m）計５０mを泳ぐことができる。
１５点	泳法に難はあるが，２種目（各２５m）計５０mを泳ぐことができる。
１０点	１種目は２５mを泳ぐことができる。
５点	２５mを泳ぐことができない。

【課題2】

□ダンス，柔道，剣道から1種目

〈ダンス〉

※ねらい

(1) 示された一連の動きをリズミカルに踊ることができる。

(2) テーマに沿って，滑らかな動きで，ひとまとまりのダンスを作り，踊ることができる。

※評価基準

得　点	評　価　の　観　点
２５点	（共通課題）一連の動きが，正確に大きくリズミカルかつスムーズにできる。 （創作）テーマを正確にとらえ，斬新かつ独創的な動きで滑らかに表現できる。
２０点	（共通課題）一連の動きが，正確に大きくリズミカルにできる。 （創作）テーマを正確にとらえ，独創的な動きで滑らかに表現できる。
１５点	（共通課題）一連の動きが，正確に大きくできる。 （創作）テーマを正確にとらえ，滑らかに表現できる。
１０点	（共通課題）一連の動きが，正確にできる。 （創作）テーマを正確にとらえ，表現できる。
５点	（共通課題）一連の動きが不正確である。 （創作）テーマを適切に表現できない。

〈柔道〉

※ねらい…柔道の基本動作の中から受け身・崩し・体さばきが，対人的技能の中から手技・腰技・足技が相手の動きに応じてできる。

※評価基準

得　点	評　価　の　観　点
２５点	・　基本動作が正確に身に付いており，スムーズにできる。 ・　対人的技能の投げ技で，崩し，体さばきが正確にでき，タイミングよく技をかけ，強さと速さを持って投げることができる。
２０点	・　基本動作が正確にできる。 ・　対人的技能の投げ技で，崩し，体さばきが正確にでき，タイミングよく技をかけることができる。
１５点	・　基本動作が概ねできる。 ・　対人的技能の投げ技で，崩し，体さばきはできるが，タイミングよく技をかけることができない。

１０点	・　基本動作がようやくできる。 ・　対人的技能の投げ技で，崩し，体さばきができず，タイミングよく技をかけることもできない。
５点	・　基本動作ができない。 ・　対人的技能の投げ技を理解していない。

〈剣道〉

※ねらい…剣道の基本動作，基本の打ち，対人的技能の中から，応じ技が充実した気勢，正しい姿勢，正確な打ちができる。

※評価基準

得　点	評　価　の　観　点
２５点	・　基本動作が正確で，構えもよく，体さばきがスムーズにできる。 ・　技を出すタイミング，打ちの強さ等，気剣体が一致した対人技能ができる。
２０点	・　基本動作が正確にできる。 ・　対人的技能がタイミングよくできる。
１５点	・　基本動作が概ねできる。 ・　対人的技能がタイミングよくできない。
１０点	・　基本動作がようやくできる。 ・　対人的技能ができない。
５点	・　基本動作ができない。 ・　対人的技能を理解していない。

【課題3】

□陸上競技(ハードル走)，器械運動，球技から2種目

〈陸上競技(ハードル走)〉

※ねらい…ハードリングがスムーズで，より速く駆け抜けることができる。

※男子：55mハードル　　女子：50mハードル

※評価基準

得点	評　価　の　観　点
25点	特にスピードがあり，3歩のリズムでスムーズに5台のハードルを跳べる。
20点	概ねスピードがあり，3歩のリズムで5台のハードルを跳べる。
15点	3歩のリズムで5台のハードルを跳べる。
10点	3歩のリズムで5台のハードルを跳べない。
5点	最後までハードルを跳べない。

※距離及びハードルの置き方

	距　　離	Hの高さ	スタートから第1Hまで	各H間の距離	最終Hからゴールまで
男　子	55m	84.0cm	13.0m	8.5m	8.0m
女　子	50m	76.2cm	12.0m	7.5m	8.0m

※参考資料

得　点	男子（55mH）	女子（50mH）
25点	8″5以内	8″9以内
20点	8″6〜 8″9	9″0〜 9″9
15点	9″0〜10″9	10″0〜10″9
10点	11″0〜11″9	11″0〜12″4
5点	12″0以上	12″5以上

〈器械運動(マット運動)〉

※ねらい…正確かつ安定したフォームで，一連の動作を連続してリズミカルにできる。

※評価基準

得点	評　価　の　観　点
25点	一連の動作が正確で安定しており，美しいフォームでダイナミックに連続してできる。
20点	一連の動作を安定したフォームでリズミカルにできる。
15点	リズムが悪いが，一連の動作は連続してできる。

１０点	個々の動作はできるが，連続してできない。
５点	個々の動作が不正確でぎこちない。

〈球技〉

※ねらい…バレーボールの基本技能，応用技能を一連のプレーの中で，
　正確かつリズミカルにできる。

※評価基準

得　点	評　価　の　観　点
２５点	・　一つ一つのプレーが高度である。 ・　相手チームを仮想した高度なプレーができる。
２０点	・　プレーが正確で，次の動作につながるプレーができている。 ・　ボールの処理及び動きがリズミカルである。
１５点	・　基本技能は，正確にできる。 ・　ボールの処理及び動きにスピードがない。
１０点	・　基本技能はできるが，実践的ではない。 ・　一連の動きにリズムやスピードがない。
５点	・　基本技能が不正確である。 ・　ボールコントロールやボディーコントロールにミスが目立つ。

▼中高・特支音楽

【課題1】

□ピアノ

【課題2】

□声楽

【課題3】

□リコーダー(中学校・特別支援学校の受験者)

【課題4】

□指揮

□専門実技(高等学校の受験者のみ)

※評価基準

・ピアノ…コードネームの付いたメロディ譜を与え，伴奏付けを課すことにより，授業に必要なピアノ伴奏の技能と音楽的な感受性をみる。

・声楽…中学校，高等学校，特別支援学校で扱われる機会の多い歌唱曲の歌唱を通して，発声法，表情，表現力，発音等の歌唱力をみる。

・リコーダー (中学校・特別支援学校の受験者)…指定の曲を課し，演奏技能・表現法をみる。

・指揮…ピアノ奏者を相手に指揮をさせる。リズムやテンポ，ダイナミックス，曲想の変化等の表現力，指揮に関する基礎的技能をみる。

・高等学校専門実技(高等学校の受験者のみ)…各自が準備した曲について，専門的な技能と音楽的感受性をみる。

※配点

	中学校	高等学校	特別支援学校
ピアノ	25	25	25
声楽	25	25	25
リコーダー	25		25
指揮	25	25	25
専門実技		25	
計	100	100	100

※特別支援学校の配点は中学校と同じとし，総計の2分の1とする。

▼中学美術

【課題1】

□自画像を，以下の条件に留意して鉛筆で写実的に描け(60分)。

〈条件〉

・解答用紙は，縦長で使用すること。

・鏡は配布されたものを使用すること。

・受験番号を，画面の適当な場所に書き入れること。

【課題2】

□県が主催する「県内の観光地に設置するゴミ箱のデザインコンペ」に応募することになった。機能や性能に優れたゴミ箱を考え，それ

を提案するためのコンセプトボードを制作せよ(120分)。

〈条件〉

・解答用紙(A3サイズ)をそのまま用いてプレゼンテーションを行うことを想定して制作すること。

・受験番号を記入するシールが貼ってある面の裏面を解答面とする。

・解答用紙の向きは縦横自由とする。

・ゴミの種類は「缶」「ペットボトル」「ビン」とし，それぞれ分別できること。

・ゴミ箱全体のつくりや設置状況が，他者に伝わるように描くこと。

・彩色は水性絵の具で行うこと。塗りムラができても構わない。色数に制限はない。

・説明などの文字は必要に応じて記載すること。配布したペン(油性マーカー)を用いてもよい。

※評価基準

ア　美術の教師として，豊かな発想力や計画性，創造的な技能を発揮しているか。

　　課題1…表現力，計画性

　　課題2…発想力，表現力，伝達力，計画性

イ　実技問題の趣旨を正しく理解しているか。

ウ　実技問題の条件(指示内容)をクリアしているか。

※配点

　　課題1…50点

　　課題2…50点　　　計100点

◆実技試験(2次試験)

▼小学校・特支小学部体育

【課題1】

□水泳

※ねらい…同じ泳法で25mをスムーズに泳ぐことができる。

※評価基準

得　点	評　　価　　の　　観　　点
7　点	正しい泳法で手足の調和のとれた動きで，スムーズに25mを泳ぐことができる。
5　点	正しい泳法で25mを泳ぐことができる。
3　点	同じ泳法で25mを泳ぐことができる。
1　点	25mを泳ぐことができない。

【課題2】

□器械運動

※ねらい…一連の動作が，連続して正確にできる。

※評価基準

得　点	評　　価　　の　　観　　点
7　点	個々の動作が連続して，よどみなく正確にできる。
5　点	連続しているが，個々の動作に正確さを欠く。
3　点	動作が不正確である。
1　点	個々の動作ができない。

【課題3】

□体操(ラジオ体操第一)

※ねらい…一連の動作が正確で，ダイナミックに調子よくできる。

※評価基準

得　点	評　　価　　の　　観　　点
6　点	一連の動作が正確で，ダイナミックに調子よくできる。
4　点	一連の動作は正確にできるが，ダイナミックさに欠ける。
2　点	正確さとダイナミックさに欠ける。
1　点	個々の動作が不正確でぎこちない。

▼中学家庭

【課題】

□試験用布に1〜7を行い，図のとおり完成させなさい(ただし，1〜7を
　行う順は問わない)。

1　ポケットつけ

・試験用布(エ)のポケット口を三つ折り縫いにする。

・試験用布(エ)を所定の位置に縫いつける。

2　切り替え縫い

・試験用布(ウ)の上端にギャザーを寄せ，試験用布(イ)と縫い合わせる。

3　肩縫い

・試験用布(ア)(イ)を合わせ，所定の位置をミシン縫いし，縫い代を割る。

4　えりぐりの始末

・試験用布(ア)(イ)の裏からバイアステープをつけ，ミシンをかける。

・バイアステープのできあがり幅をそろえ，表から押さえのステッチをかける。

5　脇縫い

・縫い代は二度縫いで適切に始末する。

6　すその始末

・すそを指示通りに折る。

・試験用布(ア)の所定の位置になみ縫いをする。

・試験用布(ア)の所定の位置にまつり縫いをする。

・試験用布(ウ)の所定の位置に三つ折り縫いをする。

7　ボタンつけ

・試験用布(エ)の所定の位置にボタンをつける(糸足をつける)。

図(試験用布)

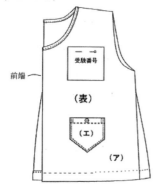
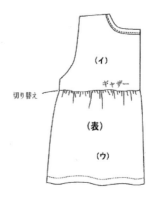

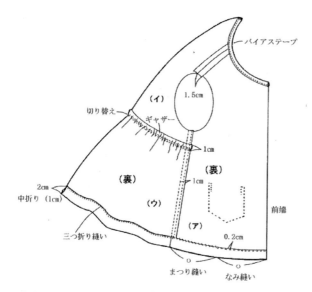

バイアステープ

1.5cm

（イ）

切り替え

ギャザー

1cm

（裏）

（裏）

1cm

2cm

中折り（1cm）

（裏）

（ウ）

前端

（ア）

0.2cm

三つ折り縫い

まつり縫い

なみ縫い

※実施時開は40分間とする。事前に準備の時間を10分間，事後に仕上
　げ・後始末(アイロン仕上げを含まない)の時間を10分間とする。

※配点

ミシン縫い	42
手縫い	18
操作・用具の扱い	28
全体のできばえ	12
合　計	100

※評価の観点及び基準

・布を用いた物の製作等を指導する際の知識と技術が身に付いている
　か。

・指示どおりの場所に指示どおりの縫い方ができているか。

・全体のできばえがよいか。

・材料，用具を適切に扱えるか。

▼高校・特支家庭

【課題】

□試験用布に1～6を行い，図のとおり完成させなさい(ただし，1～6を行う順は問わない)。

1　ダーツ縫い

・試験用布(ア)のダーツを縫う。

・始末は片倒しとする。

2　切り替え縫い

・試験用布(イ)の所定の位置にギャザーをとり，試験用布(ア)と縫い合わせる。

3　肩縫い

・試験用布(ア)(ウ)を合わせ，所定の位置をミシン縫いする。

・縫い代は二度縫いで適切に始末する。

4　えりつけ・えりぐりの始末

・試験用布(エ)のえりつけをする。

・バイアステープを用いて，えりぐりの始末をする。

・バイアステープの仕上がり幅は，0.7cm～0.8cmとし，ミシン縫いする。

5　脇縫い

・縫い代は二度縫いで適切に始末する。

6　すその始末

・前見返しの下端の始末をする。

・すそを指示通りに折る。

・試験用布(イ)～(ウ)の所定の位置に三つ折り縫いをする。

・試験用布(イ)の所定の位置にまつり縫いをする。

・試験用布(イ)の所定の位置になみ縫いをする。

・試験用布(イ)の所定の位置に千鳥がけをする。

図(試験用布)

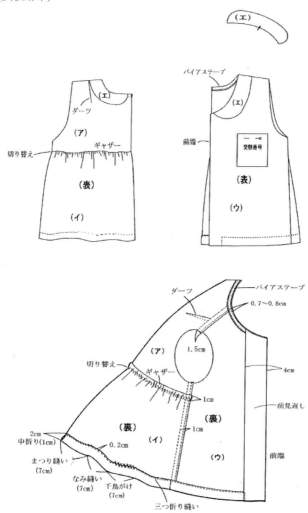

※実施時開は60分間とする。事前に準備の時間を10分間，事後に仕上げ・後始末(アイロン仕上げを含まない)の時間を10分間とする。

※配点

ミシン縫い	44
手縫い	16
操作・用具の扱い	27
全体のできばえ	13
合　計	100

※評価の観点及び基準

・日常着等の被服作品の製作を指導する際の知識と技術が身に付いているか。

・指示どおりの場所に指示どおりの縫い方ができているか。

・全体のできばえがよいか。

・材料，用具を適切に扱えるか。

▼中高・特支英語

【課題】

□実施方法

(1)　受付で受験者全員にネームプレートを付けさせる(受付…教職員課)。

(2)　テーマを書いたメモ用紙を，裏返して置いておく。

(3)　1グループずつ面接会場に入れ，くじを引かせて，引いたくじと同じ番号の座席に着かせる。

(4)　討論の手順を英語で説明する。

(5)　討論のテーマを与える。

〈テーマ〉

午前　How can you improve your students' English-speaking abilities?

午後　How can you get your students to think actively?

(6)　討論させる。

(7)　メモ用紙，ネームプレートは置いて退室させる(退室後回収)。

(8)　受験者を退室させた後，司会者を含めて試験官2人で，下書き用採点表をもとに，協議して受験者の評価点を清書用採点表に記入する。

※実施形態…4人〜7人1組で行うディスカッション形式。

※実施時間　各グループ20分程度

(1)　入室グループ分け(くじ引き)　1分

(2)　実施方法説明　1分

(3)　各自の主張まとめ　1分

(4)　各自の主張発表　4〜7分

(5)　討論　6〜9分　※7人の場合9分とし，人数に応じて一人につき1
　　分ずつ減らす。

(6)　メモ用紙回収・退室　1分

(7)　採点・記録　1〜2分

※採点基準

(1)　発表内容(構成力)　10点

(2)　発表内容(分析力)　10点

(3)　英語力(発音・流暢さ)　10点

(4)　英語力(文法・正確さ)　10点

(5)　発表態度(積極性・協調性)　10点　　　合計50点

◆個人面接(2次試験)　面接官2人　受験者1人　30分

　※自己申告書の事前提出が必要となる。また，小学校及び特別支援学
　　校小学部の受験者は，英語による簡単なスピーチ(自己紹介等)も実
　　施する。

　※実施方法

(1)　個人面接の内容は，総括面接(10分)，担当面接(20分)とする。

(2)　担当面接で自己申告書を基にした質問を行う。

(3)　面接及び評価は，6人の面接委員によって行う。面接は，2人の面
　　接委員で1人の受験者を面接する。

　※評価の観点

	観　　　　点	
１ 指 導 性	(1)　適確な教育観や学校教育に対する課題をもち，教師としての自己を創造し発展させていく姿勢と能力が見られるか。	（課題解決・創造性）
	(2)　質問を的確にとらえる知性と能力をもち，それに対する考え方が公正・客観的で指導力や実践力が感じられるか。	（教養・実践力）
	(3)　自己の意見が他人によく理解されるよう表現を工夫し，説得力のある発言に努めているか。	（説得力）
２ 社 会 性	(1)　自己について客観的に把握するとともに，望ましい対人行動や集団行動をとれるように努め，豊かな人間関係をもつよう努めているか。	（協調性）
	(2)　自己の主張や意見の根底に，自己をみつめ自己を確立しようとする人間性がうかがえ，自らよりよく生きようと努めているか。	（向上心）
	(3)　主張が独善的なものでなく，社会一般の良識や常識に合致し，社会の期待に応えようとする姿勢が見られるか。	（使命感）
３ 論 理 性	(1)　冷静によく考えて意見を述べ，内容に一定の論理性と方向性があり思考に深まりが見られるか。	（熟慮・冷静）
	(2)　教職を希望する動機が明確であり，主張や意見が断片的な感想にとどまらず，一貫性と整合性があるか。	（指向性）
	(3)　視点が明確で，論理を体系化する能力が感じられるか。	（論理性）
４ 態 度	(1)　服装，言葉遣い，礼儀作法は望ましいか。	（マナー）
	(2)　教職への積極性，意欲，情熱が感じられるか。	（意欲，積極性）
	(3)　落ち着いていて自信をもち，溌溂とした言動をとれるか。	（情緒）
５ そ の 他	○　教員としての総合的な資質・能力を問う。（教育観，人権意識，社会常識等）	

※提出した自己申告書の内容について，質問をする(面接会場に原稿等のメモは持ち込めない)。また，小学校及び特別支援学校小学部の受験者は，総括面接の冒頭で，英語による簡単なスピーチ(自己紹介等)も行う。

【質問内容】

▼小学校

□実習中大変だったことは何か。

□ストレス解消法。

□部活で大変だったことは何か。

□離島勤務は可能か。

□怒ると叱るのちがいを述べよ。

□専門的に学んだことは何か。

▼中学校，英語

□教育実習について(学んだこと／成功or失敗体験)。

・働き方改革，部活動ガイドラインはたくさん聞かれた。

・その県の取り組み，国の方針に目を通し，自分なりの考えをまとめておいたほうがよいと思った。

・鹿児島県教育振興基本計画も熟読しておいた方がよいと思った。

▼養護教諭

□自己申告書の内容について

□児童への対応

□地域との連携について

□法規

□どういう養護教諭になりたいか

□救急処置の対応

・知識を問われるので，準備しておくとよいと思った。

◆グループ討議(2次試験)

※実施方法

(1) 1グループ5人を上限とする討議を行う。

(2) 1グループ当たりの討議の時間は，質問の時間を含めて35分とする。

(3) 評価は4人の試験委員によって行う。

〈主な流れ〉

1　個人でテーマについて考える。
2　討議室に入室する。
3　グループ討議を行う。
4　試験委員の質問に答える。
5　討議室を退室する。

※配置図

グループの人数が，3人の場合はA〜Cの席，4人の場合はA〜Dの席，5人の場合はA〜Eの席。

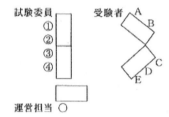

※評価の観点

1	リーダー性	○ 討議のきっかけや流れをつくることができるか。 ○ 異なる意見の調整ができるか。 ○ 横道にそれた議論を正しく修正することができるか。
2	論理性	○ 視点が明確で，発言がわかりやすいか。 ○ 発言に一貫性と整合性はあるか。 ○ 課題について正しい知識や情報を踏まえ，発言しているか。
3	協調性	○ 全員で結論を出そうとする態度が見られるか。 ○ 他人への適切な気配りを行っているか。 ○ 感情的にならずに議論できるか。
4	コミュニケーション能力	○ 自己の意見が他人によく理解されるよう表現を工夫しているか。 ○ 他人の立場や考え方に傾聴しているか。 ○ グループ内の討議の方向性や情報を共有しているか。
5	態度・意欲	○ 服装，言葉遣いは望ましいか。 ○ 表情は豊かであるか。 ○ 積極性，意欲，情熱が感じられるか。

※グループ討論の流れ

	時間	進行内容	留意事項	評価
1 構想	5分	控室で「グループ討議カード」を渡す。 ・「これからグループ討議カードの内容について自分の考えをまとめてください。時間は，5分間です。ただし，この場ではグループの者と話し合ってはいけません。必要があればメモをとってもかまいません。始めてください。」 〜 5分後 〜 ・「止めてください。」	○ 受験番号と氏名を確認し，受験番号順に割り振られたA〜Eを受験者に指示する。	1 評価は，『評価の観点』(別紙参照)に基づいて観察し，総合的に判断する。 2 観点別評価は次のとおり評価する。
2 受験者入室前		・「グループ討議カードを持って試験室に入室してください。」 「入室したら，A〜Eの指示された椅子の前に立ってください。」	○ 入室し，それぞれの椅子の前に立たせる。	5 優れている 4 やや優れている 3 普通
3 グループ討議	35分	・「Aさんから受験番号を述べて着席してください。」 ・「これからグループ討議を行います。討議の時間は25分間です。討議の際，自己紹介は不要です。すぐに討議し，時間内にグループの結論が導き出せるよう討議してください。討議内容についてメモをとってもかまいません。それでは始めてください。」 ・「グループ討議を止めてください。」 試験委員からの質問	○ 受験番号を言わせ着席させる。 ○ 自発的に発表させ評価の観点について観察する。 ○ グループ討議の間試験委員は質問等を行わない。 ○ 討議の進捗度合いに応じて，発言内容について確認したいことや討議に関連したことを受験者に質問する。	2 やや劣る 1 劣る 0 極めて劣る 3 観点別評価を合計し，総合評価とする。
4 終了		・「以上で，グループ討議を終わります。グループ討議カードを出口の箱に入れて退室してください。」		4 評価は，すべて別紙「グループ討議評価カード」に記入する。
5 評価	5分	・「グループ討議評価カード」への記入。		
(計)	45分			

▼全校種

【テーマ】

□最近，保護者による「しつけ」と称した子供への虐待が大きな社会問題となっています。このことについて子供への虐待を防止するた

めの標語またはスローガンを考え，提案してください。

□学校における体罰は学校教育法で禁止されています。体罰をなくすための取組の一環として，あなた方のグループで標語またはスローガンをつくって全職員に示すことになりました。職員の体罰防止に対する意識を高めるような標語またはスローガンを考え，提案してください。

□企業が生徒のアイデアを商品化して販売するなど学校が外部機関と協力して教育活動を進める様子を見かけます。今後，生徒の学習意欲を高め，効果的な指導を行うために，学校は外部機関とどのような協力をしていけばよいかを話し合った上で，グループとしての見解を示してください。

□我が国における魚介類の1人当たりの消費最は減少し続けています。「食料需給表」によれば，我が国の食用魚介類の1人1年当たりの消費量は，平成13年度の40.2kgをピークに減少傾向にあり，平成29年度には，24.4kgとなっています。我が国における魚介類の1人当たりの消費量を増やす方法について話し合った上で，グループとしての見解を示してください。

□多くの学校では児童生徒が制服を着て学校生活を過ごしています。また，一部の企業や公務員にも制服があります。制服の意義について考え，「教員にも制服が必要か」についてグループとしての見解を示してください。

□来年度は鹿児島県で国民体育大会(燃ゆる感動かごしま国体)と全国障害者スポーツ大会(燃ゆる感動かごしま大会)が開催されます。このことは本県の児童生徒にどのような影響を与えると考えますか。グループで話し合った上で，教育効果が高いと考えられるものを3つ示してください。

□現在，電話やSNSなど様々なコミュニケーションツールがあります。しかし，時と場合によっては直接，相手に会って話し合わなければならないときがあります。直接会って話し合うことにはどのような利点がありますか。話し合った上で，グループとしての見解を示し

てください。

□昨今の人工知能やロボット産業の発展はめざましく，2015年には，10～20年後に日本人が就いている職業の49%において，人工知能やロボットで代替可能という推計結果が発表され，話題になりました。今後，教育現場において人工知能やロボットが活用されるとしたら，どのように活用されると考えますか。話し合った上で，グループとしての見解を示してください。

□野球やバスケットボール，サッカーなどいろいろなスポーツにおいて，近年，日本の若い選手が活躍の場を世界に広げています。グローバル化に対応できる人材が求められる中，外国であっても自分の良さを発揮し，活躍するためにどのようなことが必要だと思いますか。話し合った上で，グループとしての見解を示してください。

□2022年アジア競技大会においてeスポーツが公式スポーツプログラムに採用予定になった一方で，世界保健機関(WHO)は2019年にゲーム障害を疾患として定義しました。コンピューターゲームを用いた競技をスポーツとして扱うことについて，グループとしての見解を示してください。

□スマートフォンを学校に持ち込ませ，授業をはじめとするいろいろな教育活動の中で活用させようと考えました。その際，課題になること，またその課題への対応策について話し合った上で，グループとしての見解を示してください。

□最近，高齢ドライバーによる交通加害事故が報道され，高齢者による運転の是非や運転免許証の自主返納について議論されるようになりました。このような問題を含めた様々な車社会の問題について話し合った上で，安心安全な車社会にするための具体策を示してください。

□産労総合研究所は，2019年度の新入社員のタイプを「呼びかけ次第のAIスピーカータイプ」と発表しています。これは，「多機能だが，機能を十分に発揮させるためには細かい設定(丁寧な育成)や別の補助装置(環境整備)が必要」ということを意味しているそうです。そ

こで，これからの時代に求められる教師像をグループで話し合った上で，求められる教師像を「○○タイプ」と示してください。

□最近では，ICT機器の普及により，文字を手で書く機会が減っています。あなたは，生徒(児童)から「どうして授業で，板書をノートに写さなければならないのですか。板書を写真にとればいいのではないですか。」と聞かれました。どのように答えますか。話し合った上で，グループとしての回答案を示してください。

□情報通信技術(ICT)を活用した遠隔技術は，本県の教育にも非常に有効であると期待されますが，遠隔授業を行う上でどのような課題が考えられますか。またその課題はどうすれば解決できますか。話し合った上で，グループとしての見解を示してください。

□鹿児島県教育委員会では，「心身ともに健やかで，明朗活発な教師」を求めています。そこで，このグループ討議において，「こころの健康」を測るバロメーターについて協議し，グループで「こころの健康」の定義をつくり示してください。また，そのように考えた理由も説明してください。

□コンビニエンスストアの24時間営業について様々な議論がなされています。24時間営業のコンビニエンスストアが果たしている社会的役割にはどのようなものがありますか。また，24時間営業のコンビニエンスストアがなくなった場合，その役割はどのような方法で対応することができますか。話し合った上で，グループとしての見解を示してください。

□2022年4月から成年年齢が18歳に引き下げられます。一方，成年年齢が18歳になっても，飲酒や喫煙，競馬などの公営競技に関する年齢制限は，これまでと変わらず20歳です。現在，成人式は20歳で行われていますが，2023年以降の成人式についてどうするのがよいか話し合った上で，グループとしての見解を示してください。

□学校における業務改善が進んでいますが，保護者や地域の一部からは，「先生の仕事を放棄するのか」「先生たちが楽をするだけではないのか」といった声も聞かれます。そこで，学校における業務改善

について正しく理解してもらうため，テレビCMをつくることにしました。話し合った上でどのようなCMにするか提案してください。

□日本の子供は他の国の子供に比べ自己肯定感が低いという声をよく耳にします。その原因はどこにあると考えますか。また，子供の自己肯定感を高めるためにはどうしたらよいでしょうか。話し合った上でグループとしての見解を示してください。

□10年後の学校は今の学校に比べてどのようなところが変わっていると考えられますか。また，10年経っても変わらないところはどういうところだと思いますか。話し合った上でグループとしての見解を示してください。

▼小学校
【テーマ】
国体が子どもにあたえる影響を3つ答えよ。
・面接官が1人1問，質問をする。

▼中学校，英語
【テーマ】
20年後30年後，人工知能やAIが学校でどのように活用されるか。
・本番で他大学の人に司会をお願いしたら，自分が練習してきたやり方で進められなかった。
・たくさん練習し対応力も付けておくべきと思う。

▼養護教諭
【テーマ】
「心の健康」のバイロメーターについて議論し，「心の健康」の定義について結論をだして下さい。
・集団討論の形式をつかんでおいて，どんな課題にも対応できるようにしておくとよいと思う。

◆適性検査(2次検査)　60分
　【検査内容1】
　　□YG性格検査
　【検査内容2】
　　□クレペリン検査

2019年度　面接実施問題

◆実技試験(1・2次試験)

▼小学校・特支小学部

【課題1】

□水泳

※ねらい…同じ泳法で25mをスムーズに泳ぐことができる。

※評価基準

得　　点	評　　　価　　　の　　　観　　　点
7　点	正しい泳法で手足の調和のとれた動きで，スムーズに２５ｍを泳ぐことができる。
5　点	正しい泳法で２５ｍを泳ぐことができる。
3　点	同じ泳法で２５ｍを泳ぐことができる。
1　点	２５ｍを泳ぐことができない。

【課題2】

□器械運動(マット運動)

　開脚前転→前転→後転→水平バランス→側方倒立回転

※ねらい…一連の動作が，連続して正確にできる。

※評価基準

得　　点	評　　　価　　　の　　　観　　　点
7点	個々の動作が連続して，よどみなく正確にできる。
5点	連続しているが，個々の動作に正確さを欠く。
3点	動作が不正確である。
1点	個々の動作ができない。

【課題3】

□体操(ラジオ体操第一)

※ねらい…一連の動作が正確で，ダイナミックに調子よくできる。

※評価基準

得　点	評　　価　　の　　観　　点
6点	一連の動作が正確で，ダイナミックに調子よくできる。
4点	一連の動作は正確にできるが，ダイナミックさに欠ける。
2点	正確さとダイナミックさに欠ける。
1点	個々の動作が不正確でぎこちない。

・体育科など得意な人に教えてもらったり，日頃から体を動かしたりするとよい。

▼中高・特支英語

【課題】

□実施方法

(1) 受付で受験者全員にネームプレートを付けさせる(受付…教職員課)。

(2) テーマを書いたメモ用紙を，裏返しで置いておく。

(3) 1グループずつ面接会場に入れ，くじを引かせて，引いたくじと同じ番号の座席に着かせる。

(4) 討論の手順を英語で説明する。

(5) 討論のテーマを与える。

〈テーマ〉

　　午前：　How do you encourage your students to express themselves in English in your classes?

　　午後：　How can English language help students have a better future?

(6) 討論させる。

(7) メモ用紙，ネームプレートは置いて退室させる(退室後回収)。

(8) 受験者を退室させた後，司会者を含めて試験官2人で，下書き用採点表をもとに，協議して受験者の評価点を清書用採点表に記入する。

※実施形態…6人(または7人)1組で行うディスカッション形式

※実施時間　各グループ20分程度

(1)　入室グループ分け(くじ引き)　　　1分
(2)　実施方法説明　　　　　　　　　　1分
(3)　各自の主張まとめ　　　　　　　　1分
(4)　各自の主張発表　　　　　　　　　6～7分
(5)　討論　　　　　　　　　　　　　　8～9分　※欠席者がいた場合，
　　　　　　　　　　　　　　　　　　その人数に応じて1分ずつ減らす。
(6)　メモ用紙回収・退室　　　　　　　1分
(7)　採点・記録　　　　　　　　　　　1～2分

※採点基準

(1)　発表内容(構成力)　　　　　　　　8点
(2)　発表内容(分析力)　　　　　　　　8点
(3)　英語力(発音・流暢さ)　　　　　　8点
(4)　英語力(文法・正確さ)　　　　　　8点
(5)　発表態度(積極性・協調性)　　　　8点　　　合計40点

▼中学・特支家庭

【課題】

□試験用布に次の1～6を行い，指示どおり完成させなさい。また，1
　～6は自由な順番で行ってよい。

(1)　肩縫い
・試験用布(ア)と(イ)を合わせ，肩を縫う。
・縫い代は二度縫いし，前側に倒す。
(2)　そでつけ
・試験用布(ウ)のそでをつけ，縫い代は身ごろ側に倒す。
(3)　わき縫い・そで口のしまつ
・そで下からわきの合いじるしまで続けて縫い，縫い代を割る。
・そで口は指示どおりに折り，ミシンをかける。
(4)　すその始末

・試験用布(イ)のすそを指示どおりに折る。

・試験用布(イ)の所定の場所になみ縫いをする。

・試験用布(イ)の所定の場所にまつり縫いをする。

(5)　ポケットつけ

・試験用布(エ)のポケット口に三つ折り縫いをする。

・試験用布(エ)を所定の場所に縫いつける。

(6)　スナップつけ

・試験用布(イ)の所定の場所にスナップをつける。

※実施時間は40分間とする。事前に準備の時間を10分間，事後に仕上
　げ・後始末(アイロン仕上げを含まない)の時間を10分間とする。

図(試験用布)

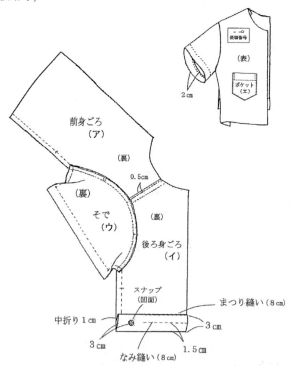

※配点

ミシン縫い	41
手縫い	24
操作・用具の扱い	25
全体のできばえ	10
合　計	100

※評価の観点及び基準

・布を用いた物の製作等を指導する際の知識と技術力が身に付いているか。

・指示どおりの場所に指示どおりの縫い方ができているか。

・全体のできばえがよいか。

・材料・用具を適切に扱えるか。

▼高校・特支家庭

【課題】

□試験用布に次の1～6を行い，指示どおり完成させなさい(ただし，2～6を行う順は自由でよい。)。

(1)　なみ縫い，耳ぐけ

・試験用布(ア)の所定の位置になみ縫い，耳ぐけをする。

※　開始直後5分間で行う。時間内に1が終わった場合は，2以下に進んでよい。

※　時間内に1が終わらなかった場合は，「1を継続」，又は，「2以下に進む」のいずれでもよい。

(2)　肩縫い

・試験用布(イ)と(ウ)，(ウ)と(エ)を合わせ，所定の位置をミシン縫いする。

・右肩縫いは，折り伏せ縫いにする。前側に倒し，出来上がり幅は1cmとする。

・左肩縫いは，二度縫いにする。前側に倒す。

(3)　えりぐりの始末をする。

・試験用布(オ)を用いて見返しの始末をする。

(4)　すその始末

・試験用布(イ)，(エ)のすそを指示どおりに折り，前見返しの始末をする。

・試験用布(イ)の所定の位置にまつり縫いをする。

・試験用布(エ)は，三つ折り縫いにする。

(5)　切り替え縫い

・試験用布(カ)の所定の位置にタックをとり，試験用布(ウ)と縫い合わせる。

・縫い代は二度縫いにして，試験用布(ウ)側に倒す。

(6)　図案の装飾

・試験用布(イ)の所定の場所にフレンチナッツステッチをする。

・試験用布(イ)の所定の場所にチェーンステッチをする。

※実施時間は60分間とする。事前に準備の時間を10分間，事後に仕上げ・後始末(アイロン仕上げを含まない)の時間を10分間とする。

図(試験用布)

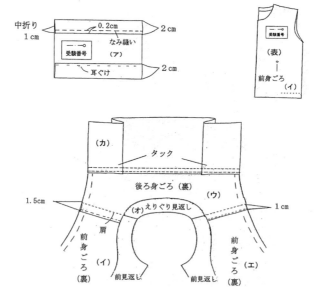

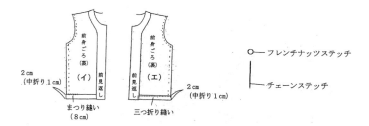

※配点

ミシン縫い	46
手縫い	18
操作・用具の扱い	22
全体のできばえ	14
合　計	100

※評価の観点及び基準

・日常着等の被服作品の製作及び装飾等を指導する際の知識と技術力が身に付いているか。

・指示どおりの場所に指示どおりの縫い方ができているか。

・全体のできばえがよいか。

・材料・用具を適切に扱えるか。

▼中高・特支音楽

【課題1】

□ピアノ

【課題2】

□声楽

【課題3】

□リコーダー

【課題4】

□指揮

【課題5】

□専攻実技(高校の受験者のみ)

※評価基準

・ピアノ…コードネームの付いたメロディ譜を与え，伴奏づけを課すことにより，中学校，高等学校，特別支援学校での授業に必要なピアノ伴奏の技能と音楽的な感受性をみる。

・声楽…中学校，高等学校，特別支援学校で扱われる機会の多い歌唱曲の歌唱を通して，発声法，表情，表現力，発音等の歌唱力をみる。

・リコーダー…指定の曲を課し，演奏技能・表現法をみる。

・指揮…ピアノ奏者を相手に指揮をさせる。リズムやテンポ，ダイナミックス，曲想の変化等の表現力，指揮に関する基礎的技能をみる。

・専攻実技(高校の受験者のみ)…各自が準備した曲について，専門的な技能と音楽的感受性をみる。

※配点

	中学校	高等学校	特別支援学校
ピ ア ノ	２５	２５	２５
声　　楽	２５	２５	２５
リコーダー	２５		２５
指　　揮	２５	２５	２５
専 攻 実 技		２５	
計	１００	１００	１００

※特別支援学校の配点は中学校と同じとし，総計の２分の１とする。

▼中高・特支美術

【課題1】

□ボールを持っている手を，以下の条件で鉛筆で写実的に描け(60分)。

〈条件〉

① 右手または左手のどちらか一方を描く。

② ボールの持ち方は自由とするが，ボールが手から離れないこと。

③ ボールについての条件は次のとおりとする。

※大きさは直径10〜15cm程度とする。

※色は白で，表面に下図が一つプリントされているものとし，図が2／3以上見えるように描くこと。

※材質は自由に想定してよい。

※形を変形させてもよいが，切断や穴を開けるなどの加工は行わな

いこと。

※画面は，縦画面とすること。

図

横の長さ7㎝

【課題2】

□与えられた用紙の ⌣ 部は紙コップの側面を展開したものである。

　この面に，2020年に開かれる鹿児島国体で，来場者に給水等をするために配布する紙コップの側面の図柄を，以下の条件でデザインせよ(120分)。

〈条件〉

① 図柄の中に「鹿児島」「かごしま」「KAGOSHIMA」の文字のうちからいずれか一つと，「2020」の文字を配置する。

※書体は自由とする。

② 使用する色数は自由とするが，すべて平塗りで彩色する。

③ 白色の部分は彩色しても彩色しなくてもよい。

④ 制作を終了し，提出する際は ⌣ 部を切り抜き，のり等で接合して紙コップの形にして提出する。

※紙コップの形にする際の注意

　・側面のみで，蓋や底面等の他の部分の加工はしない。

　・与えられた画用紙から側面を切り抜く際，接合するためにのりしろ等が必要な場合は自由に設けてよい。

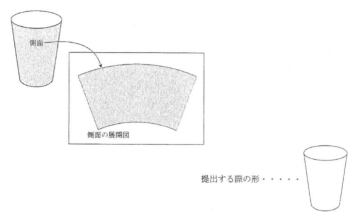

側面

側面の展開図

提出する際の形・・・・・

※評価基準

ア　美術の教師として，豊かな発想力や計画性，創造的な技能を発揮しているか。

　　課題1…発想力，表現力，計画性

　　課題2…発想力，表現力，計画性

イ　実技問題の趣旨を正しく理解しているか。

ウ　実技問題の条件(指示内容)をクリアしているか。

▼中高・特支保体

【課題1】

□水泳

　　平泳ぎ(25m)→ターン→他の泳ぎ(25m)

※ねらい…平泳ぎでスタートして25m泳ぎ，折り返した後，他の泳ぎで25mの計50mを，それぞれ正しい泳法でスピードに乗って泳ぐことができる。

※評価基準

得 点	評 価 の 観 点
２５点	正しい泳法で，２種目（各２５ｍ）計５０ｍをスピードに乗って泳ぐことができる。
２０点	正しい泳法で，２種目（各２５ｍ）計５０ｍを泳ぐことができる。
１５点	泳法に難はあるが，２種目（各２５ｍ）で５０ｍを泳ぐことができる。
１０点	１種目は２５ｍを泳ぐことができる。
５点	２５ｍを泳ぐことができない。

【課題2】

□ダンス，柔道，剣道から1種目

〈ダンス〉

※ねらい

(1) 示された一連の動きをリズミカルに踊ることができる。

(2) テーマに沿って，滑らかな動きで，ひとまとまりのダンスを作り，踊ることができる。

※評価基準

得点	評価の観点
２５点	（共通課題）一連の動きが，正確に大きくリズミカルかつスムーズにできる。 （創作）テーマを正確にとらえ，斬新かつ独創的な動きで滑らかに表現できる。
２０点	（共通課題）一連の動きが，正確に大きくリズミカルにできる。 （創作）テーマを正確にとらえ，独創的な動きで滑らかに表現できる。
１５点	（共通課題）一連の動きが，正確に大きくできる。 （創作）テーマを正確にとらえ，滑らかに表現できる。
１０点	（共通課題）一連の動きが，正確にできる。 （創作）テーマを正確にとらえ，表現できる。
５点	（共通課題）一連の動きが不正確である。 （創作）テーマを適切に表現できない。

〈柔道〉

※ねらい…柔道の基本動作の中から受け身・崩し・体さばきが，対人的技能の中から手技・腰技・足技が相手の動きに応じてできる。

※評価基準

得点	評価の観点
２５点	・ 基本動作が正確に身についており，スムーズにできる。 ・ 対人的技能の投げ技で，崩し，体さばきが正確にでき，タイミングよく技をかけ，強さと速さを持って投げることができる。
２０点	・ 基本動作が正確にできる。 ・ 対人的技能の投げ技で，崩し，体さばきが正確にでき，タイミングよく技をかけることができる。
１５点	・ 基本動作が概ねできる。 ・ 対人的技能の投げ技で，崩し，体さばきはできるが，タイミングよく技をかけることができない。
１０点	・ 基本動作がようやくできる。 ・ 対人的技能の投げ技で，崩し，体さばきができず，タイミングよく技をかけることもできない。
５点	・ 基本動作ができない。 ・ 対人的技能の投げ技を理解していない。

〈剣道〉

※ねらい…剣道の基本動作・基本の打ち，対人的な技能の中から，応じ技が充実した気勢，正しい姿勢，正確な打ちでできる。

※評価基準

得　点	評　　価　　の　　観　　点
２５点	・　基本動作が正確で，構えもよく，体さばきがスムーズにできる。 ・　技を出すタイミング，打ちの強さ等，気剣体が一致した対人技能ができる。
２０点	・　基本動作が正確にできる。 ・　対人的技能がタイミングよくできる。
１５点	・　基本動作が概ねできる。 ・　対人的技能がタイミングよくできない。
１０点	・　基本動作がようやくできる。 ・　対人的技能ができない。
５点	・　基本動作ができない。 ・　対人的技能を理解していない。

【課題3】

□陸上競技，器械運動，球技から2種目

〈陸上競技(ハードル走)〉

男子：55mハードル　　女子：50mハードル

※ねらい…ハードリングがスムーズで，より速く駆け抜けることができる。

※評価基準

得　点	評　　価　　の　　観　　点
２５点	特にスピードがあり，３歩のリズムでスムーズに５台のハードルを跳べる。
２０点	概ねスピードがあり，３歩のリズムで５台のハードルを跳べる。
１５点	３歩のリズムで５台のハードルを跳べる。
１０点	３歩のリズムで５台のハードルを跳べない。
５点	最後までハードルを跳べない。

※距離及びハードルの置き方

	距　離	Hの高さ	スタートから第１Hまで	各H間の距離	最終Hからゴールまで
男　子	５５m	８４．０cm	１３．０m	８．５m	８．０m
女　子	５０m	７６．２cm	１２．０m	７．５m	８．０m

※参考資料

得　点	男子（５５mH）	女子（５０mH）
２５点	８”５以内	８”９以内
２０点	８”６〜　８”９	９”０〜　９”９
１５点	９”０〜１０”９	１０”０〜１０”９
１０点	１１”０〜１１”９	１１”０〜１２”４
５点	１２”０以上	１２”５以上

〈器械運動〉

※ねらい…正確かつ安定したフォームで，一連の動作を連続してリズミカルにできる。

※評価基準

得　点	評　価　の　観　点
２５点	一連の動作が正確で安定しており，美しいフォームでダイナミックに連続してできる。
２０点	一連の動作を安定したフォームでリズミカルにできる。
１５点	リズムが悪いが，一連の動作は連続してできる。
１０点	個々の動作はできるが，連続してできない。
５点	個々の動作が不正確でぎこちない。

〈球技〉

※ねらい…バレーボールの基本技能，応用技能を一連のプレーの中で，正確かつリズミカルにできる。

※評価基準

得 点	評　価　の　観　点
25点	・ 一つ一つのプレーが高度である。 ・ 相手チームを仮想した高度なプレーができる。
20点	・ プレーが正確で，次の動作につながるプレーができている。 ・ ボールの処理及び動きがリズミカルである。
15点	・ 基本技能は，正確にできる。 ・ ボールの処理及び動きにスピードがない。
10点	・ 基本技能はできるが，実践的ではない。 ・ 一連の動きにリズムやスピードがない。
5点	・ 基本技能が不正確である。 ・ ボールコントロールやボディーコントロールにミスが目立つ。

◆個人面接(2次試験)　面接官2人　受験者1人　30分

　※自己申告書の事前提出が必要となる。また，小学校及び特別支援学校小学部受験者においては，英語による簡単なスピーチ(自己紹介等)も実施する。

　※実施方法

(1)　個人面接の内容は，総括面接(10分)，担当面接(20分)とする。

(2)　担当面接で自己申告書を基にした質問を行う。

(3)　面接及び評価は，6人の面接委員によって行う。面接は，2人の面接委員で1人の受験者を面接する。

※評価の観点

	観　　点
１ 指 導 性	(1)　適確な教育観や学校教育に対する課題をもち，教師としての自己を創造し 　　発展させていく姿勢と能力が見られるか。　　　　　　（課題解決・創造性） (2)　質問を的確にとらえる知性と能力をもち，それに対する考え方が公正・客 　　観的で指導力や実践力が感じられるか。　　　　　　　　（教養・実践力） (3)　自己の意見が他人によく理解されるよう表現を工夫し，説得力のある発言 　　に努めているか。　　　　　　　　　　　　　　　　　　　　（説得力）
２ 社 会 性	(1)　自己について客観的に把握するとともに，望ましい対人行動や集団行動を 　　とれるように努め，豊かな人間関係をもつよう努めているか。　（協調性） (2)　自己の主張や意見の根底に，自己をみつめ自己を確立しようとする人間性 　　がうかがえ，自らよりよく生きようと努めているか。　　　　（向上心） (3)　主張が独善的なものでなく，社会一般の良識や常識に合致し，社会の期待 　　に応えようとする姿勢が見られるか。　　　　　　　　　　　（使命感）
３ 論 理 性	(1)　冷静によく考えて意見を述べ，内容に一定の論理性と方向性があり思考に 　　深まりが見られるか。　　　　　　　　　　　　　　　　（熟慮・冷静） (2)　教職を希望する動機が明確であり，主張や意見が断片的な感想にとどまら 　　ず，一貫性と整合性があるか。　　　　　　　　　　　　　　（指向性） (3)　視点が明確で，論理を体系化する能力が感じられるか。　　（論理性）
４ 態 度	(1)　服装，言葉遣い，礼儀作法は望ましいか。　　　　　　　　　（マナー） (2)　教職への積極性，意欲，情熱が感じられるか。　　　（意欲，積極性） (3)　落ち着いていて自信をもち，潑溂とした言動をとれるか。　　（情緒）
５ そ の 他	○　教員としての総合的な資質・能力を問う。（教育観，人権意識，社会常識等）

▼小学校全科

【質問内容】

〈総括面接〉

□英語スピーチ(1分間)

□教師に求められる資質・能力はなにと考えるか。

□鹿児島県が，子どもの学力向上のために行っている取り組みついて，
　なにか知っているか。

□服務の根本基準にはなにが示されているか。

□平成28年度に，人権に関する3つの法律が施行されたが，それぞれなにか。

□離島での勤務は可能か。

〈担当面接〉

□なぜ教師を目指したのか。

□あなたの考える理想の教師像はなにか。

□教師にとって一番大切なことはなにか。

□最近気になるニュースはなにか。

□あなたの学級にネット依存の児童がいた場合，どう対応するか。

□ネット依存の児童がいる。その児童の保護者が共働きであったり，教育に関心がない場合，どう対応するか。

・担当面接では，始めの5分間は自己申告書から聞かれる。あらかじめ，自分の申告書を深掘りしておくとよい。

▼小学校全科

【質問内容】

□服務の根本基準にはなにが示されているか。

□離島での勤務は可能か。

　→あなたの両親は反対しないか。

□志望動機

□最近気になるニュースはなにか。

□明日，算数の授業をすることとなった場合，どんなことを大切にしたいか。

□あなたのセールスポイントはなにか。

□自己申告書について

□英語による自己紹介

□道徳を漢字1字で表すとするなら，なにと思うか。

□保護者から「担任を代えてほしい」と言われた場合，どうするか。

・面接練習として，多くの先生方に見てもらったり，ビデオで自分の

様子を見たりするとよい。

▼小学校全科
【質問内容】
〈担当面接〉
□自己申告書に基づく質問
□あなたの学級が学級崩壊に陥ったとき，保護者から「もうあなたとは話をしたくない」と言われた場合，どう対応するか。
□明日，算数の授業をすることとなった場合，どうするか。
〈総括面接〉
□英語スピーチ
□服務の根本基準にはなにが示されているか。
□離島での勤務は可能か。
　→結婚して家族を持ったあとでも，離島勤務は可能か。

◆集団討論(2次試験)　面接官4人　受験者5人　35分
　※実施方法
(1)　1グループ5人を上限とする討議を行う。
(2)　1グループ当たりの討議の時間は，質問の時間を含めて35分とする。
(3)　評価は4人の試験委員によって行う。
〈主な流れ〉
1　個人でテーマについて考える。
2　討議室に入室する。
3　グループ討論を行う。
4　試験委員の質問に答える。
5　討議室を退室する。

※配置図

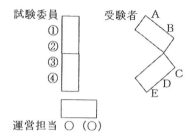

試験委員　　　　受験者　A
①　　　　　　　　　　B
②
③　　　　　　　　　　　C
④　　　　　　　　　D
　　　　　　　　E

運営担当　○　（○）

※評価の観点

1	リーダー性	○	討議のきっかけや流れをつくることができるか。
		○	異なる意見の調整ができるか。
		○	横道にそれた議論を正しく修正することができるか。
2	論理性	○	視点が明確で，発言がわかりやすいか。
		○	発言に一貫性と整合性はあるか。
		○	課題について正しい知識や情報を踏まえ，発言しているか。
3	協調性	○	全員で結論を出そうとする態度が見られるか。
		○	他人への適切な気配りを行っているか。
		○	感情的にならずに議論できるか。
4	コミュニケーション能力	○	自己の意見が他人によく理解されるよう表現を工夫しているか。
		○	他人の立場や考え方に傾聴しているか。
		○	グループ内の討議の方向性や情報を共有しているか。
5	態度・意欲	○	服装，言葉遣いは望ましいか。
		○	表情は豊かであるか。
		○	積極性，意欲，情熱が感じられるか。

※グループ討議の流れ

	時間	進行内容	留意事項	評価
1 構想	5分	控室で「グループ討議カード」を渡す。 ・「これからグループ討議カードの内容について自分の考えをまとめてください。時間は，5分間です。ただし，この場ではグループの者と話し合ってはいけません。必要があればメモをとってもかまいません。始めてください。」 〜 5分後 〜 ・「止めてください。」	○ 受験番号と氏名を確認し，受験番号順に割り振られたA〜Eを受験者に指示する。	1 評価は，「評価の観点」(別紙参照)に基づいて観察し，総合的に判断する。 2 観点別評価は次のとおり評価する。
2 受験者入室前		・「グループ討議カードを持って試験室に入室してください。」 「入室したら，A〜Eの指示された椅子の前に立ってください。」	○ 入室し，それぞれの椅子の前に立たせる。	5 優れている 4 やや優れている 3 普通
3 グループ討議	35分	・「Aさんから受験番号を述べて着席してください。」 ・「これからグループ討議を行います。討議の時間は２５分間です。時間内にグループの結論が導き出せるよう討議してください。討議内容についてメモをとってもかまいません。それでは始めてください。」 ・「グループ討議を止めてください。」 試験委員からの質問	○ 受験番号を言わせ着席させる。 ○ 自発的に発表させ評価の観点について観察する。 ○ グループ討議の間試験委員は質問等を行わない。 ○ 討議の進捗度合いに応じて，発言内容について確認したいことや討議に関連したことを受験者に質問する。	2 やや劣る 1 劣る 0 極めて劣る 3 観点別評価を合計し，総合評価とする。 4 評価は，すべて別紙「グループ討議評価カード」に記入する。
4 終了		・「以上で，グループ討議を終わります。グループ討議カードを出口の箱に入れて退室してください。」		
5 評価	5分	・「グループ討議評価カード」への記入。		
(計)	45分			

▼全校種

【テーマ】

□日本の教育では「得意なことを伸ばすこと」よりも「苦手なことを克服すること」に重点が置かれていると言われます。このことについてどのように考えますか。話し合った上で，グループとしての見

解を示してください。

□技術の進歩によって，長年受け継がれてきた職人の技が年々廃れて
きていると言われています。未来を担う子どもたちに，大人として
どのようなことを伝えたらよいか話し合った上で，グループとして
の見解を示してください。

□2020年に開催される東京オリンピックに向けて，サマータイムを日
本に導入するか否かが議論されています。学校に導入することにつ
いてどのように考えますか。このことについて話し合った上で，グ
ループとしての見解を示してください。

□子どもたちのコミュニケーション能力を向上させるために，家庭内
でできることはどのようなことですか。このことについて話し合っ
た上で，グループとしての見解を示してください。

□児童生徒が「皆勤」であることに対して，学校現場では表彰する場
合もあれば，何もしない場合もあり，その対応は様々です。皆勤し
た児童・生徒への学校の対応の在り方について話し合った上で，グ
ループとしての見解を示してください。

□宇宙旅行をするとしたら，宇宙船に何を持ち込みますか。グループ
で話し合った上で，優先順位の高いものを5つ決めてください。

□ある女子児童(生徒)が，制服のスカートではなく，男子用のズボン
を履いて登校したいと希望しました。この児童(生徒)に対して，学
校はどのような対応をしたらよいかを話し合った上で，グループと
しての対応策を示してください。

□NHK大河ドラマ「西郷どん」の効果や明治維新150年などによって，
今年は鹿児島県への観光客が増えているようです。そこで，今後の
鹿児島県の観光振興について話し合った上で，グループとしての対
応策を示してください。

□スポーツにおいて，指導者の選手に対するパワハラや不適切な言動
などが問題となっています。このような問題が起こる原因を話し合
った上で，グループとしての防止策を示してください。

□雨天時に多くの保護者が車で児童(生徒)を送迎するために，学校周

辺の道路は混雑し，近隣住民から苦情が寄せられました。学校はどのような対策をしたらよいかを話し合った上で，グループとしての対応策を示してください。

□近年，国内の製造業において品質関連の不正・偽装の事例が見受けられます。このような問題が起こる原因を話し合った上で，グループとしての防止策を示してください。

□皆さんはあるファミリーレストランのメニュー開発部に所属しています。今回，一層の集客のために新メニューを企画することになりました。具体的にどんなメニューがよいか話し合った上で，グループとしての提案をしてください。

□「クラス担任と保護者との良好な関係」とはどのような関係ですか。その理由も含めて話し合った上で，グループとしての見解を示してください。

□「無駄を省いて効率よく生きる」，「人生に無駄なものなど一つもない」。相反する二つのフレーズについてどのように考えますか。話し合った上で，グループとしての見解を示してください。

□自転車事故件数は，総数では減少しているものの，対歩行者においては増加しています。対歩行者事故を減らすためにはどうすればよいかを話し合った上で，グループとしての対応策を示してください。

□あなたが担任をしている学級には，車いすを使用している児童(生徒)が在籍しています。運動会で学級対抗全員リレーを行うことになりました。この児童(生徒)にどのような配慮をしたらよいかを話し合った上で，グループとしての見解を示してください。

□小学校入学を控えている子どもに「どうしてお勉強しなきゃいけないの？」と聞かれました。どのように答えますか。話し合った上で，グループとしての回答案を示してください。

□幼少期から情報機器に囲まれて生活している児童にどのようなことを身に付けさせたいと考えますか。その理由も含めて話し合った上で，グループとしての見解を示してください。

□近年，鹿児島県内では大型観光客船の入港による海外からの観光客

数が増加しています。そこで，外国人観光客向けのパンフレットを作成する場合，どのような内容を入れればよいですか。グループとしての具体案を示してください。

□2000年以降，日本はノーベル賞受賞者を急速に増やしています。将来，世界で活躍できる多くの人材を育成するために，学校教育ではどのような工夫が必要だと考えますか。話し合った上で，グループとしての見解を示してください。

▼小学校全科
【テーマ】
□小学校入学を控えている子どもに「どうしてお勉強しなきゃいけないの？」と聞かれました。どのように答えますか。話し合った上で，グループとしての回答案を示してください。
【質問内容】
□討論をした感想
□あなたが子どものとき，「なぜ勉強をしなきゃいけないの？」と聞いたことはあるか。
・集団討論対策として，たくさんのテーマで練習したり，司会やタイムキーパーを経験したりするとよい。

▼小学校全科
【テーマ】
□幼少期から情報機器に囲まれて生活している児童にどのようなことを身に付けさせたいと考えますか。その理由も含めて話し合った上で，グループとしての見解を示してください。
【質問内容】
□情報機器が子どもに与える悪影響として，なにがあると考えるか。
□低学年の児童に対して，情報機器の使い方や影響を指導する際，どのようにして行うか。

◆適性検査(2次試験)
　【検査内容1】
　　□YG性格検査
　【検査内容2】
　　□クレペリン検査

2018年度　面接実施問題

◆実技試験(1次試験)

▼中高・特支音楽

【課題1】

□ピアノ

【課題2】

□声楽

【課題3】

□リコーダー

【課題4】

□指揮

【課題5】

□専攻実技(高校の受験者のみ)

※評価基準

・ピアノ…コードネームの付いたメロディ譜を与え，伴奏づけを課すことにより，中学校，高等学校，特別支援学校の授業に必要なピアノ伴奏の技能と音楽的な感受性を診断する。

・声楽…中学校，高等学校，特別支援学校で扱われる機会の多い歌唱曲の歌唱を通して，発声法，表情，表現力，発音等の歌唱力をみる。

・リコーダー…指定の曲を課し，演奏技能・表現法をみる。

・指揮…ピアノ奏者を相手に指揮をさせる。リズムやテンポ，ダイナミックス，曲想の変化等の表現力，指揮に関する基礎的技能を診断する。

・専攻実技(高校の受験者のみ)…各自が準備した曲について，専門的な技能と音楽的感受性を診断する。

▼中高・特支美術

【課題1】

□配布された鏡を使用し，下の条件を踏まえて「自画像」を鉛筆で描け(60分)。

〈条件〉

・表現の内容は自由とする。

・画面は，縦画面とすること。

【課題2】

□駅や観光地などに設置する「鹿児島をPRするのぼり旗」をデザインし，下の条件を踏まえ，配布された解答用紙の枠内に描け(120分)。

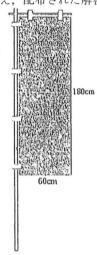

〈条件〉

・サイズは縦180cm，横60cmを想定すること。

・水彩絵の具で彩色すること。

・紙に彩色する色は4色とし，白も1色と数える。

・彩色は平塗りとする。

※評価基準

ア　美術の教師として，豊かな発想力や計画性，創造的な技能を発揮しているか。

課題1…発想力，表現力，計画性

140

課題2…発想力，表現力，計画性

イ　実技問題の趣旨を理解しているか。

ウ　実技問題の条件(指示内容)をクリアしているか。

▼中高・特支保体

【課題1】

□水泳

平泳ぎ(25m)→ターン→他の泳ぎ(25m)

※ねらい…平泳ぎでスタートして25m泳ぎ，折り返した後，他の泳ぎ
　　で25mの計50mを，それぞれ正しい泳法でスピードに乗って泳ぐこ
　　とができる。

※評価基準

得　点	評　　価　　の　　観　　点
２５点	正しい泳法で，２種目（各２５m）計５０mをスピードに乗って泳ぐことができる。
２０点	正しい泳法で，２種目（各２５m）計５０mを泳ぐことができる。
１５点	泳法に難はあるが，２種目（各２５m）で５０mを泳ぐことができる。
１０点	１種目は２５mを泳ぐことができる。
５点	２５mを泳ぐことができない。

【課題2】

□ダンス，柔道，剣道から1種目

〈ダンス〉

※ねらい

(1)　示された一連の動きをリズミカルに踊ることができる。

(2)　テーマに沿って，滑らかな動きで，ひとまとまりのダンスを作り，
踊ることができる。

※評価基準

得点	評価の観点
２５点	(共通課題) 一連の動きが，正確に大きくリズミカルかつスムーズにできる。 (創作) テーマを正確にとらえ，斬新かつ独創的な動きで滑らかに表現できる。
２０点	(共通課題) 一連の動きが，正確に大きくリズミカルにできる。 (創作) テーマを正確にとらえ，独創的な動きで滑らかに表現できる。
１５点	(共通課題) 一連の動きが，正確に大きくできる。 (創作) テーマを正確にとらえ，滑らかに表現できる。
１０点	(共通課題) 一連の動きが，正確にできる。 (創作) テーマを正確にとらえ，表現できる。
５点	(共通課題) 一連の動きが不正確である。 (創作) テーマを適切に表現できない。

〈柔道〉

※ねらい…柔道の基本動作の中から受け身・崩し・体さばきが，対人
的技能の中から手技(体落とし)・腰技(大腰)・足技(ひざ車)が相手の
動きに応じてできる。

※評価基準

得点	評価の観点
２５点	・　基本動作が正確に身についており，スムーズにできる。 ・　対人的技能の投げ技で，崩し，体さばきが正確にでき，タイミングよく技をかけ，強さと速さを持って投げることができる。
２０点	・　基本動作が正確にできる。 ・　対人的技能の投げ技で，崩し，体さばきが正確にでき，タイミングよく技をかけることができる。
１５点	・　基本動作が概ねできる。 ・　対人的技能の投げ技で，崩し，体さばきはできるが，タイミングよく技をかけることができない。

得点	評価の観点
１０点	・ 基本動作がようやくできる。 ・ 対人的技能の投げ技で，崩し，体さばきができず，タイミングよく技をかけることもできない。
５点	・ 基本動作ができない。 ・ 対人的技能の投げ技を理解していない。

〈剣道〉

※ねらい…剣道の基本動作・基本の打ち，対人的技能の中から，応じ技(小手すり上げ→面，面抜き→胴)が充実した気勢，正しい姿勢，正確な打ちでできる。

※評価基準

得 点	評 価 の 観 点
２５点	・ 基本動作が正確で，構えもよく，体さばきがスムーズにできる。 ・ 技を出すタイミング，打ちの強さ等，気剣体が一致した対人技能ができる。
２０点	・ 基本動作が正確にできる。 ・ 対人的技能がタイミングよくできる。
１５点	・ 基本動作が概ねできる。 ・ 対人的技能がタイミングよくできない。
１０点	・ 基本動作がようやくできる。 ・ 対人的技能ができない。
５点	・ 基本動作ができない。 ・ 対人的技能を理解していない。

【課題3】

□陸上競技(ハードル走)，器械運動，球技から2種目

〈陸上競技(ハードル走)〉

※ねらい…ハードリングがスムーズで，より速く駆け抜けることができる。

※男子：55mハードル　　女子：50mハードル

※評価基準

得　点	評　　価　　の　　観　　点
２５点	特にスピードがあり，３歩のリズムでスムーズに５台のハードルを跳べる。
２０点	概ねスピードがあり，３歩のリズムで５台のハードルを跳べる。
１５点	３歩のリズムで５台のハードルを跳べる。
１０点	３歩のリズムで５台のハードルを跳べない。
５点	最後までハードルを跳べない。

※距離及びハードルの置き方

	距　　離	Hの高さ	スタートから第１Hまで	各H間の距離	最終Hからゴールまで
男　子	５５m	８４．０㎝	１３．０m	８．５m	８．０m
女　子	５０m	７６．２㎝	１２．０m	７．５m	８．０m

※参考資料

得　点	男子（５５mH）	女子（５０mH）
２５点	８”５以内	８”９以内
２０点	８”６〜　８”９	９”０〜　９”９
１５点	９”０〜１０”９	１０”０〜１０”９
１０点	１１”０〜１１”９	１１”０〜１２”４
５点	１２”０以上	１２”５以上

〈器械運動〉

※ねらい…正確かつ安定したフォームで，一連の動作を連続してリズミカルにできる。

※評価基準

得　点	評　　価　　の　　観　　点
２５点	一連の動作が正確で安定しており，美しいフォームでダイナミックに連続してできる。
２０点	一連の動作を安定したフォームでリズミカルにできる。
１５点	リズムが悪いが，一連の動作は連続してできる。

〈球技〉

※ねらい…バレーボールの基本技能，応用技能を一連のプレーの中で，
　正確かつリズミカルにできる。

※評価基準

得　点	評　　価　　の　　観　　点
２５点	・　一つ一つのプレーが高度である。 ・　相手チームを仮想した高度なプレーができる。
２０点	・　プレーが正確で，次の動作につながるプレーができている。 ・　ボールの処理及び動きがリズミカルである。
１５点	・　基本技能は，正確にできる。 ・　ボールの処理及び動きにスピードがない。
１０点	・　基本技能はできるが，実践的ではない。 ・　一連の動きにリズムやスピードがない。
５点	・　基本技能が不正確である。 ・　ボールコントロールやボディーコントロールにミスが目立つ。

▼高校書道

【課題1】

□次の二つの古典中にある「道」を半紙の上下にそれぞれ臨書せよ。
　(落款は不要とする。)

【課題2】

□次の古典「風信帖」を半紙二行に臨書せよ。(落款は「涼夏臨□」と
　すること。)

【課題3】

□次の古筆「寸松庵色紙」を指定の色紙に臨書せよ。(落款は不要とす
　る。)

　「つらゆき　むめのかのふりおけるゆきにうつりせばたれかこ
　とゞゝわきてをらまし」

【課題4】

□次の古典「乙瑛碑」を半紙に臨書せよ。(落款は「涼夏臨□」とすること。)

【課題5】

□次に示すのし袋の表書き①～③のすべてを，小筆を用いて指定の書体で体裁よく書け。ただし，最適な袋を三種類の中からそれぞれ選

ぶこと。字の配置，文字の大きさは問題の原稿どおりでなくてよい。

① 楷書

[御祝　吉瀬大颯]　※ここでは結婚御祝用

② 楷書

[御礼　常智学園PTA]

③ 行書

[御霊前　西郷高校芸術科一同]

【課題6】

□次の句を，漢字仮名交じりの書として半切$\frac{1}{2}$に創作せよ。紙の使用は自由とするが，漢字仮名の変換は認めない。落款は「一茶の句　涼夏かく□」とすること。

　　あこが手に書いて貰ふや星の歌　　小林一茶

【課題7】

□次の①・②の中から一つを選び，半切に創作せよ。用紙の使用は縦横自由とする。下記の【注】をよく読んで書くこと。

① 千峰鳥路含梅雨　五月蟬聲送麥秋　　（李嘉祐）

② 言の葉は人の心の声なれば　思ひのぶるほかなかりけり

（橘暁覧）

【注】①は漢字作品。行数は自由とし，新旧字体・書写体の使用も自由とする。落款は「涼夏書□」すること。

②は仮名作品。行数は自由とし，漢字仮名の変換，変体仮名の使用も自由とする。落款は「涼夏かく□」とすること。

※実技受験上の注意

一　練習用紙の使用枚数は自由とするが，清書は配付した用紙を用いること。

二　清書作品の表の左下に，黒鉛筆で受験番号を記入すること。

三　落款は，自分の名前を書かないで指示されたとおりに書き，落款印の必要な清書作品には印の位置に赤のフェルトペンで□(適当な大きさで)を書き入れること。

四　字典類の使用は禁止する。

五 揮毫は，すべて机上で行うこと。

六 決められた時間内で，清書を終えること。

七 書いた作品を置く下敷が必要なときは申し出ること。

八 問題用紙と反故紙は持ち帰ること。

※評価基準

ア 楷書の臨書が的確にできているか。

イ 行書の臨書が的確にできているか。

ウ 仮名の臨書が的確にできているか。

エ 隷書の臨書が的確にできているか。

オ 漢字仮名交じりの書，漢字の書・仮名の書の創作として的確に表現できているか。

カ 表現が紙面に対して調和よくできているか。

◆個人面接(2次試験) 面接官2人 受験者1人 30分

※実施方法

(1) 個人面接の内容は，総括面接(10分)，担当面接(20分)とする。

(2) 担当面接で自己申告書を基にした質問を行う。

(3) 面接及び評価は，6人の面接委員によって行う。面接は，2人の面接委員で1人の受験者を面接する。

※評価の観点

	観　点
1 指導性	(1) 適確な教育観や学校教育に対する課題をもち，教師としての自己を創造し発展させていく姿勢と能力が見られるか。　　　　　　　　　　(課題解決・創造性)
	(2) 質問を的確にとらえる知性と能力をもち，それに対する考え方が公正・客観的で指導力や実践力が感じられるか。　　　　　　　　　　(教養・実践力)
	(3) 自己の意見が他人によく理解されるよう表現を工夫し，説得力のある発言に努めているか。　　　　　　　　　　(説得力)

2 社会性	(1) 自己について客観的に把握するとともに，望ましい対人行動や集団行動をとれるように努め，豊かな人間関係をもつよう努めているか。 (協調性)
	(2) 自己の主張や意見の根底に，自己をみつめ自己を確立しようとする人間性がうかがえ，自らよりよく生きようと努めているか。 (向上心)
	(3) 主張が独善的なものでなく，社会一般の良識や常識に合致し，社会の期待に応えようとする姿勢が見られるか。 (使命感)
3 論理性	(1) 冷静によく考えて意見を述べ，内容に一定の論理性と方向性があり思考に深まりが見られるか。 (熟慮・冷静)
	(2) 教職を希望する動機が明確であり，主張や意見が断片的な感想にとどまらず，一貫性と整合性があるか。 (指向性)
	(3) 視点が明確で，論理を体系化する能力が感じられるか。 (論理性)
4 態度	(1) 服装，言葉遣い，礼儀作法は望ましいか。 (マナー)
	(2) 教職への積極性，意欲，情熱が感じられるか。 (意欲，積極性)
	(3) 落ち着いていて自信をもち，溌溂とした言動をとれるか。 (情緒)
5 その他	面接委員が独自に評価する観点

※提出した自己申告書の内容について，質問をします(面接会場に原稿等のメモは持ち込めません)。また，小学部及び特支小学部受験者は，総括面接の冒頭で，英語による簡単なスピーチ(自己紹介等)も行います。

▼中学理科
【質問内容】
□他県教員採用試験の受験の有無
□離島勤務は可能か。
□ストレス解消法
□理科の最終的な達成目標はなんであると考えるか。
□中学校学習指導要領における理科の目標はなにか。
□あなたの短所はなにか。
　→それを克服するために日頃からしていることはなにか。

□他教科を受け持つことは可能か。例えば「社会を教えてください」と言われたら，あなたは断るか。

□地方公務員法に書かれている公務員の服務について，どのようなことが書かれているか。

□食育に関する法律について，どのようなものがあるか。

□大学生活で学んだことはなにか。

　→それは教員としてどのように活かされるか。

□教員人生のビジョンは立てているか。それはどんなものか。

・面接官は学習指導要領を見ながら面接をしており，学習指導要領からの質問が多くなされた。

・面接試験の練習はすごく重要だと思った。

・鹿児島県の教育情勢やどのような人材が欲しいのかをもう少し勉強してから受験すべきだったと思った。

◆集団討論(2次試験)　面接官4人　受験者5人　35分

※実施方法

(1)　1グループ5人を上限とする討議を行う。

(2)　1グループ当たりの討議の時間は，質問の時間を含めて35分とする。

(3)　評価は4人の試験委員によって行う。

※配置図

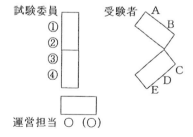

※評価の観点

1	リーダー性	○ 討議のきっかけや流れをつくることができるか。 ○ 異なる意見の調整ができるか。 ○ 横道にそれた議論を正しく修正することができるか。
2	論理性	○ 視点が明確で，発言がわかりやすいか。 ○ 発言に一貫性と整合性はあるか。 ○ 課題について正しい知識や情報を踏まえ，発言しているか。
3	協調性	○ 全員で結論を出そうとする態度が見られるか。 ○ 他人への適切な気配りを行っているか。 ○ 感情的にならずに議論できるか。
4	コミュニケーション能力	○ 自己の意見が他人によく理解されるよう表現を工夫しているか。 ○ 他人の立場や考え方に傾聴しているか。 ○ グループ内の討議の方向性や情報を共有しているか。
5	態度・意欲	○ 服装，言葉遣いは望ましいか。 ○ 表情は豊かであるか。 ○ 積極性，意欲，情熱が感じられるか。

※グループ討論の流れ

	時間	●控室係　★担当　☆試験委員	留意事項	評価
1 構想	5分	控室で「グループ討議カード」を渡す。 ● 「これからグループ討議カードの内容について自分の考えをまとめてください。時間は，5分間です。ただし，この場ではグループの者と話し合ってはいけません。必要があればメモをとってもかまいません。始めてください。」 〜 5分後 〜 ● 「止めてください。」	○ 受験番号と氏名を確認し，受験番号順に割り振られたA〜Eを受験者に指示する。	1 評価は，「評価の観点」(別紙参照)に基づいて観察し，総合的に判断する。 2 観点別評価は次のとおり評価する。
2 受験者 入室前		● 「グループ討議カードを持って試験室に入室してください。」 「入室したら，A〜Eの指示された椅子の前に立ってください。」	○ 入室し，それぞれの椅子の前に立たせる。	5 優れている 4 やや優れている 3 普通
3 グループ 討議	35分	★ 「Aさんから受験番号を述べて着席してください。」 ★ 「これからグループ討議を行います。討議の時間は25分間です。時間内にグループの結論が導き出せるよう討議してください。討議内容についてメモをとってもかまいません。それでは始めてください。」	○ 受験番号を言わせ着席させる。 ○ 自発的に発表させ評価の観点について観察する。 ○ グループ討議の間試験委員は質問等を行わない。	2 やや劣る 1 劣る 0 極めて劣る 3 観点別評価を合計して，総合評価とする。

		☆ 「グループ討議を止めてください。」 試験委員からの質問	○ 討議の進捗度合いに応じて，発言内容について確認したいことや討議に関連したことを受験者に質問する。	4 評価は，すべて別紙「グループ討議評価カード」に記入する。
4 終了		★「以上で，グループ討議を終わります。グループ討議カードを出口の箱に入れて退室してください。」 ※小中学校は☆で実施		
5 評 価	5分	☆ 「グループ討議評価カード」への記入。		
(計)	45分			

▼全校種

【テーマ】

□学校では教材作成に多くの書籍や音楽メディアを活用しています。今回，生徒向けに著作権についての寸劇を演じることになりました。生徒にとって理解しやすいストーリーを具体的に提案してください。

□地域に伝わる伝統芸能は少子化の進展により，担い手不足に悩まされています。そのために，地域から学校に対して協力の要請があった場合，どのように対応するべきか，有効な手立てについて，具体策を提案してください。

□若者の首都圏への人材流出が進んでいます。地方の若者を地元ふるさとにとどめるためにどのような有効な手立てがあるでしょうか。具体策を提案してください。

□現代社会において，学校はどんな役割を果たすべきでしょうか。あなた方が描く20年後の学校像について，具体的に提案してください。

□ふるさと納税の返礼品について，一部の自治体ではその返礼品の資産性が問題となっています。そこで，地域経済にもプラスとなる新たな返礼品やその方法について，具体策を提案してください。

□近年，日本に在住する外国人の増加により，言葉や文化の違いなど学校や地域では新たな対応が求められています。そこで，今後，学校はどのような対応をしていけばよいでしょうか。具体策を提案し

てください。

□ある調査によると，日本の若者は，諸外国の若者と比べ，自分の将来に明るい希望を持つ割合が低いと示されています。この実態に対して，学校ではどのような取組が必要でしょうか。具体策を提案してください。

□学校現場における業務の適正化の一層の推進にむけた取組・改善が求められています。学校の業務改善の推進について，具体策を提案してください。

□小学校高学年の児童から，昔話『浦島太郎』において，乙姫が浦島太郎に玉手箱を渡した理由について質問がありました。どのように説明し，回答しますか。グループ内で具体的な案を提案してください。

□インターネット通販の取扱量の増加等により，人材不足等が問題となっています。物流部門の負担軽減，適正化等のため，消費者としてどのような取組ができるでしょうか。具体策を提案してください。

□海外では9月に学年の始めを設定している国があります。グローバル社会において，日本でも入学時期を4月から9月にする議論がありますが，4月と9月のどちらに賛成ですか。一定の結論が得られるように話し合ってください。

□明治維新150周年などの話題により，鹿児島県にはこれから多くの観光客が来ることが予想されます。県民一人一人ができる観光客に対する「おもてなし」とはどのようなものがあるか，具体策を提案してください。

□SNS(ソーシャルネットワークサービス)の利用増により個人情報の取扱が大人だけでなく子供たちにも大きな影響を与えるようになりました。そこで，小学校高学年向けに個人情報の保護を啓発するような標語を考えて，提案してください。

□学校の夏休みなどの長期休暇の一部を別の時期にずらして，新たな大型連休を創設する「キッズウィーク」が話題となっています。親子が一緒に過ごせる休暇を増やすためにはどのようなことが必要で

しょうか。具体的に提案してください。

□あなたはある一級河川沿いにある自治会で防災担当係をしています。この地域では，これまで何度も洪水がおき，尊い人命や財産が失われてきました。普段から，減災のため，自治会・地域住民としてどのような取組ができるか，具体策を提案してください。

□昔話や童話には，残酷な内容が含まれていることが少なくありません。教育的配慮を理由に，絵本が出版される際に暴力や死に関する内容が削除されることの是非について，一定の結論が得られるように話し合ってください。

・他の受験者の意見を傾聴し，良い点などをうまくまとめ，全員でまとめていく姿勢があれば大丈夫だと思う。教育関連の法律や公務員の法律などは知識として必要だと思った。

◆実技試験(2次試験)

▼小学校・特支小学部

【課題1】

□水泳

※ねらい…同じ泳法で25mをスムーズに泳ぐことができる。

※評価基準

得　点	評　価　の　観　点
7点	同じ泳法で25mを手足の調和のとれた動きで，スムーズに泳ぐことができる。
5点	同じ泳法で25mを泳ぐことができる。
3点	同じ泳法ではないが，なんとか25mを泳ぐことができる。
1点	25mを泳ぐことができない。

【課題2】

□器械運動(マット運動)

※ねらい…一連の動作が，連続して正確にできる。

※評価基準

得　点	評　　価　　の　　観　　点
7点	個々の動作が連続して，よどみなく正確にできる。
5点	連続しているが，個々の動作に正確さを欠く。
3点	動作が不正確である。
1点	個々の動作ができない。

【課題3】

□体操(ラジオ体操第一)

※ねらい…一連の動作が正確で，ダイナミックに調子よくできる。

※評価基準

得　点	評　　価　　の　　観　　点
6点	一連の動作が正確で，ダイナミックに調子よくできる。
4点	一連の動作は正確にできるが，ダイナミックさに欠ける。
2点	正確さとダイナミックさに欠ける。
1点	個々の動作が不正確でぎこちない。

▼中高・特支英語

【課題】

□実施方法

(1)　受付で受験者全員にネームプレートを付けさせる。〈受付…教職員課〉

(2)　テーマを書いたメモ用紙を，裏返しで置いておく。

(3)　グループずつ面接会場に入れ，くじを引かせて，引いたくじと同じ番号の座席に着かせる。

(4)　討論の手順を英語で説明する。【別紙　ENGLISH INTERVEW(英語面接試験官用)を参照】

(5)　討論のテーマを与える。

本年度のテーマ：

午前：　ICT is useful when teaching. How would you use ICT in your English classes?

午後：　TT with ALTs is an effective way to teach English. What would

156

you do with an ALT in your English classes?

(6)　討論させる。

(7)　メモ用紙，ネームプレートは置いて退室させる。(退室後回収)

(8)　受験者を退室させた後，司会者を含めて試験官2人で，下書き用採点表をもとに，協議して受験者の評価点を清書用採点表に記入する。

※実施形態…6人(または5人)1組で行うディスカッション形式

※実施時間　各グループ20分程度

(1)　入室グループ分け(くじ引き)　　1分

(2)　実施方法説明　　1分

(3)　各自の主張まとめ　　1分

(4)　各自の主張発表　　6分

(5)　討論　　8分

(6)　メモ用紙回収・退室　　1分

(7)　採点・記録　　2分

※採点基準

(1)　発表内容(構成力)　　10点

(2)　発表内容(分析力)　　10点

(3)　英語力(発音・流暢さ)　　10点

(4)　英語力(文法・正確さ)　　10点

(5)　発表態度(積極性・協調性)　　10点　　合計50点

▼中学・特支家庭

【課題】

□試験用布に1～7を行い，図のとおり完成させなさい。(ただし，1～7を行う順は自由でよい。)

1　ポケットつけ

・試験用布(ア)のポケット口を三つ折り縫いにする。

・試験用布(ア)を所定の場所に縫いつける。

2　肩縫い

・試験用布(イ)(ウ)を合わせ，所定の位置をミシン縫いする。

・縫い代は二度縫いで適切に始末する。

3　脇縫い

・試験用布(イ)(ウ)を合わせ，所定の位置をミシン縫いする。

・縫い代は割ってアイロンをかける。

4　スリット縫い

・所定の位置にスリットを入れる。

・スリットのまわりを縫う。

5　なみ縫い，まつり縫い

・試験用布(イ)の所定の位置になみ縫い，まつり縫いをする。

6　三つ折り縫い

・試験用布(ウ)の所定の位置に三つ折り縫いをする。

7　スナップボタンつけ

・試験用布(ウ)の所定の場所にスナップボタンをつける。

図(試験用布)

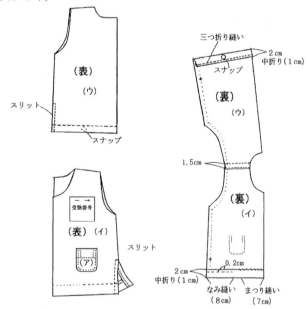

※実施時間は40分間とする。事前に準備の時間を10分間，事後に仕上げ・後始末(アイロン仕上げを含まない)の時間を10分間とする。

※配点

ミシン縫い	35点
手縫い	23点
操作・用具の扱い	32点
全体のできばえ	10点
合　計	100点

※評価の観点及び基準

・基本的な被服製作等の製作を指導する際の，知識と技術力が身に付いているか。

・指示どおりの場所に指示どおりの縫い方ができているか。

・全体のできばえがよいか。

・材料・用具を適切に扱えるか。

▼高校家庭

【課題】

□試験用布に1～8を行い，図のとおり完成させなさい。(ただし，2～8を行う順は自由でよい。)

1　なみ縫い，まつり縫い

・試験用布(ア)の所定の位置になみ縫い，まつり縫いをする。

※　開始直後5分間で行う。時間内に1が終わった場合は，2以下に進んでよい。

※　時間内に1が終わらなかった場合は，「1を継続」，又は，「2以下に進む」のいずれでもよい。

2　三つ折りぐけ

・試験用布(エ)を指示どおりに折り，所定の位置に三つ折りぐけをする。

3　すその始末

・試験用布(ウ)のすそを指示どおりに折り，所定の位置をミシンで三つ折り縫いをする。

4　切り替え縫い

・試験用布(ウ)の所定の位置にプリーツをとり，試験用布(イ)と縫い合

　わせる。

・縫い代は二度縫いで適切に始末する。

5　ダーツ軽い

・試験用布(ア)のダーツを縫う。

・始末は片倒しとする。

6　肩縫い

・試験用布(ア)(イ)を合わせ，所定の位置をミシン縫いする。

・縫い代は二度縫いで適切に始末する。

7　脇縫い

・試験用布(ア)と(イ)・(ウ)を合わせ，所定の位置(合いじるしまで)を
　ミシン縫いする。

・縫い代は割ってアイロンをかける。

8　そでぐりの始末

・試験用布(ア)(イ)の裏からバイアヌテープを付け，ミシンをかける。

・バイアステープのできあがり幅をそろえ，押さえのステッチをかける。

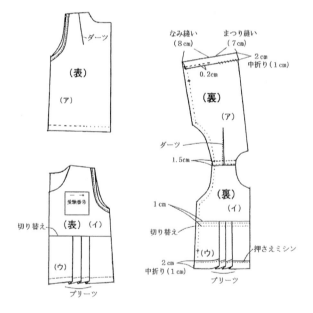

※実施時間は60分とする。事前に準備の時間を10分間，事後に仕上
　げ・後始末(アイロン仕上げを含まない。)の時間を10分間とする。
※配点

ミシン縫い	35点
手縫い	27点
デザイン要素の加工	3点
操作・用具の扱い	24点
全体のできばえ	11点
合　計	100点

※評価の観点及び基準

・日常着等の被服作品の製作を指導する際の，知識と技術力が身に付
　いているか。

・指示どおりの場所に指示どおりの縫い方ができているか。

・全体のできばえがよいか。

・材料・用具を適切に扱えるか。

2017年度　面接実施問題

◆実技試験(1次試験)

▼中学・特支英語

【課題】

□個人面接(3つの日本の都道府県から1つを選び，面接官を日本に来る
　外国人観光客と設定して，その場面について受験者が1分間，英語
　で説明する。)

①　東京

②　京都

③　福岡

※評価基準は以下の通りである。

ア　発表内容に，構成力，わかりやすさがあるか。

イ　英語の発音はいいか。流暢に英語を話しているか。

ウ　文法的に正確な英語か。

エ　発表態度が積極的か。

▼中高・特支音楽

【課題1】

□ピアノ

　受験する校種の教材の中から，当日指定する歌唱教材1曲の伴奏。

※特別支援学校受験者は，中学校教材の中から指定します。

【課題2】

□アルトリコーダー，声楽等

【課題3】

□指揮

【課題4】

□任意の楽曲の演奏(高等学校受験者)

※暗譜でなくてもよい。

※時間制限あり(不明)。

※評価基準は以下の通りである。

ア　ピアノ

　コードネームの付いたメロディ譜を与え，伴奏づけを課すことにより，中学校，高等学校，特別支援学校の授業に必要なピアノ伴奏の技能と音楽的な感受性を診断する。

イ　声楽

　中学校，高等学校，特別支援学校で扱われる機会の多い歌唱曲の歌唱を通して，発声法，表情，表現力，発音等の歌唱力をみる。

ウ　アルトリコーダー

　指定の曲を課し，演奏技能・表現法をみる。

エ　指揮

　ピアノ奏者を相手に指揮をさせる。リズムやテンポ，ダイナミックス，曲想の変化等の表現力，指揮に関する基礎的技能を診断する。

オ　高校専攻実技(高校の受験者のみ)

　各自が準備した曲について，専門的な技能と音楽的感受性を診断する。

・専門の演奏の前には20分の練習時間があった。

▼中高・特支美術

【課題1】

□「液体の入った器を持つ手」を想定し，下の条件を踏まえて鉛筆で描け。

〈条件〉

・液体と器の状態は，自由に想定してよい。

・手は，片方だけ描くこと。

・画面は，縦画面とすること。

【課題2】

□中学校や高校で行われている部活動のロゴマークをデザインし，次

の図のような白地のトレーナーの胸部にプリントすることにした。
下の条件を踏まえ，配布された解答用紙の枠内にロゴマークをデザ
インし，描け。

〈条件〉

・野球やテニス，美術や合唱などテーマとする部活動は，自由に選ん
　でよい。

・ロゴマークは，3版3色でプリントするものとしてデザインすること。

・配布された用紙の枠内に実物大でデザインすること。

・水彩絵の具で彩色すること。

・どの部活動のロゴマークを作成したか，枠外に書くこと。

※評価基準

ア　美術の教師として，豊かな発想力や計画性，創造的な技術を発揮
　しているか。

(鉛筆による描画)…発想力，構成力，描写力

(ロゴマークのデザイン)…発想力，独創性，技能，計画性

イ　実技問題の趣旨を理解しているか。

ウ　実技問題の条件(指示内容)をクリアしているか。

▼中高・特支保体
【課題1】
□水泳
平泳ぎ(25m)→ターン→他の泳ぎ(25m)
※ねらい…平泳ぎでスタートして25m泳ぎ，折り返した後，他の泳ぎで25mの計50mを，それぞれ正しい泳法でスピードに乗って泳ぐことができる。
※評価基準は以下の通りである。

得 点	評　価　の　観　点
25点	正しい泳法で，2種目（各25m）計50mをスピードに乗って泳ぐことができる。
20点	正しい泳法で，2種目（各25m）計50mを泳ぐことができる。
15点	泳法に難はあるが，2種目（各25m）で50mを泳ぐことができる。
10点	1種目は25mを泳ぐことができる。
5点	25mを泳ぐことができない。

【課題2】
□ダンス，柔道，剣道から1種目
〈ダンス〉
※ねらい
(1)　示された一連の動きをリズミカルに踊ることができる。
(2)　テーマに沿って，滑らかな動きで，ひとまとまりのダンスを作り，踊ることができる。
※評価基準は以下の通りである。

得　点	評　　価　　の　　観　　点
２５点	（共通課題）一連の動きが，正確に大きくリズミカルかつスムーズにできる。 （創作）テーマを正確にとらえ，斬新かつ独創的な動きで滑らかに表現できる。
２０点	（共通課題）一連の動きが，正確に大きくリズミカルにできる。 （創作）テーマを正確にとらえ，独創的な動きで滑らかに表現できる。
１５点	（共通課題）一連の動きが，正確に大きくできる。 （創作）テーマを正確にとらえ，滑らかに表現できる。
１０点	（共通課題）一連の動きが，正確にできる。 （創作）テーマを正確にとらえ，表現できる。
５点	（共通課題）一連の動きが不正確である。 （創作）テーマを適切に表現できない。

〈柔道〉

※ねらい…柔道の基本動作の中から受け身・崩し・体さばきが，対人的技能の中から手技(体落とし)・腰技(大腰)・足技(ひざ車)が相手の動きに応じてできる。

※評価の観点は以下の通りである。

得　点	評　　価　　の　　観　　点
２５点	・　基本動作が正確に身についており，スムーズにできる。 ・　対人的技能の投げ技で，崩し，体さばきが正確にでき，タイミングよく技をかけ，強さと速さを持って投げることができる。
２０点	・　基本動作が正確にできる。 ・　対人的技能の投げ技で，崩し，体さばきが正確にでき，タイミングよく技をかけることができる。
１５点	・　基本動作が概ねできる。 ・　対人的技能の投げ技で，崩し，体さばきはできるが，タイミングよく技をかけることができない。
１０点	・　基本動作がようやくできる。 ・　対人的技能の投げ技で，崩し，体さばきができず，タイミングよく技をかけることもできない。
５点	・　基本動作ができない。 ・　対人的技能の投げ技を理解していない。

166

〈剣道〉

※ねらい…剣道の基本動作・基本の打ち，対人的な技能の中から，応じ技(小手すり上げ→面，面抜き→胴)が充実した気勢，正しい姿勢，正確な打ちでできる。

※評価基準は以下の通りである。

得 点	評 価 の 観 点
25点	・ 基本動作が正確で，構えもよく，体さばきがスムーズにできる。 ・ 技を出すタイミング，打ちの強さ等，気剣体が一致した対人技能ができる。
20点	・ 基本動作が正確にできる。 ・ 対人的技能がタイミングよくできる。
15点	・ 基本動作が概ねできる。 ・ 対人的技能がタイミングよくできない。
10点	・ 基本動作がようやくできる。 ・ 対人的技能ができない。
5点	・ 基本動作ができない。 ・ 対人的技能を理解していない。

【課題3】

□陸上競技(ハードル走)，器械運動，球技から2種目

〈陸上競技(ハードル走)〉

※ねらい…ハードリングがスムーズで，より速く駆け抜けることができる。

※男子：55mハードル　　女子：50mハードル

※評価基準は以下の通りである。

167

得　点	評　価　の　観　点
２５点	特にスピードがあり，３歩のリズムでスムーズに５台のハードルを跳べる。
２０点	概ねスピードがあり，３歩のリズムで５台のハードルを跳べる。
１５点	３歩のリズムで５台のハードルを跳べる。
１０点	３歩のリズムで５台のハードルを跳べない。
５点	最後までハードルを跳べない。

※距離及びハードルの置き方

	距　　離	Ｈの高さ	スタートから第１Ｈまで	各Ｈ間の距離	最終Ｈからゴールまで
男　子	５５ｍ	８４．０㎝	１３．０ｍ	８．５ｍ	８．０ｍ
女　子	５０ｍ	７６．２㎝	１２．０ｍ	７．５ｍ	８．０ｍ

〈参考資料〉

得　点	男子（５５ｍＨ）	女子（５０ｍＨ）
２５点	８″５以内	８″９以内
２０点	８″６〜　８″９	９″０〜　９″９
１５点	９″０〜１０″９	１０″０〜１０″９
１０点	１１″０〜１１″９	１１″０〜１２″４
５点	１２″０以上	１２″５以上

〈器械運動〉

※ねらい…正確かつ安定したフォームで，一連の動作を連続してリズミカルにできる。

※評価基準は以下の通りである。

得　点	評　価　の　観　点
２５点	一連の動作が正確で安定しており，美しいフォームでダイナミックに連続してできる。
２０点	一連の動作を安定したフォームでリズミカルにできる。
１５点	リズムが悪いが，一連の動作は連続してできる。
１０点	個々の動作はできるが，連続してできない。
５点	個々の動作が不正確でぎこちない。

〈球技〉

※ねらい…バレーボールの基本技能，応用技能を一連のプレーの中で，正確かつリズミカルにできる。

※評価基準は以下の通りである。

得　点	評　価　の　観　点
２５点	・　一つ一つのプレーが高度である。 ・　相手チームを仮想した高度なプレーができる。
２０点	・　プレーが正確で，次の動作につながるプレーができている。 ・　ボールの処理及び動きがリズミカルである。
１５点	・　基本技能は，正確にできる。 ・　ボールの処理及び動きにスピードがない。
１０点	・　基本技能はできるが，実践的ではない。 ・　一連の動きにリズムやスピードがない。
５点	・　基本技能が不正確である。 ・　ボールコントロールやボディーコントロールにミスが目立つ。

▼高校英語

【課題】

□グループ面接(テーマについて模擬ディベートを行う。)

〈テーマ〉

　What do you think you can do with your students to save the environment?

※評価基準は以下の通りである。

ア　発表内容に，構成力，わかりやすさ，分析力があるか。

イ　英語の発音はいいか。流暢に英語を話しているか。

ウ　文法的に正確な英語か。

エ　発表態度が積極的か。協調性があるか。

◆個人面接(2次試験)　面接官2人　受験者1人　時間30分

　※自己申告書の提出が必要となる。詳細については，1次試験第2日に

　　連絡する。また，小学部及び特別支援学校小学部受験者については，

　　英語による簡単なスピーチ(自己紹介)も実施する。

▼小学校

【質問内容】

□英語による簡単なスピーチ。

→これからも英語を学ぼうと思っているか。

□分かる授業とは何か。

□自分の学科で学んだことを今後教育でどのように生かしたいか。

□離島に行けるか。

□子どもを産んでも，一生教職を務める覚悟はあるか。

□公務員の服務について，信用失墜行為とは何か。

□鹿児島県の不祥事根絶委員会について。

□教育委員会制度が変わったが，3つの特徴を述べなさい。

□息抜きはどうしているか。

□異年齢と関わることの抵抗はないか。

□面接シートは誰かにみてもらったのか。

☆面接シートに書いてある内容についての質疑応答がメイン

□最近興味のある教育のテーマは何か。

□気になる同和，人種問題はあるか。

□学校ボランティアについて，困難の克服法について。

□なぜ大学院に進学したのか。

□両方受かったらどうするのか(大学院と併願していたため)。

□高校のときの部活動，大学では何もしていなかったのか。

・英語のスピーチは私は40秒くらいでしたが，長さはそれで問題ない
　ような感じでした。

▼中学理科

【質問内容】

□履歴書の内容について。

□コミュニティスクールについて。

□新学習指導要領について知っているか。

→説明をしなさい。

□離島で働けるか。

□あらかじめ提出した自己申告書について。

□生徒指導について。

□教員に求められる資質とは何か。

・若干，圧迫面接でした。

・総括面接が10分，担当面接が20分ほどだった。

▼中高音楽

【質問内容】

□体罰を禁止している法律は何か。

□公務員の禁止事項は何か。

□講師経験の感想(経験のある場合)について。

□教育法や著作権等について。

※評価の観点は以下の通りである。

(1)　適確な教育観や学校教育に対する課題をもち，教師としての自己を創造し発展させていく姿勢と能力が見られるか。(課題解決・創造性)

(2)　質問を的確にとらえる知性と能力をもち，それに対する考え方が公正・客観的で指導力や実践力が感じられるか。(教養・実践力)

(3)　自己の意見が他人によく理解されるよう表現を工夫し，説得力のある発言に努めているか。(説得力)

2　社会性

(1)　自己について客観的に把握するとともに，望ましい対人行動や集団行動をとれるように努め，豊かな人間関係をもつよう努めているか。(協調性)

(2)　自己の主張や意見の根底に，自己をみつめ自己を確立しようとする人間性がうかがえ，自らよりよく生きようと努めているか。(向上心)

(3)　主張が独善的なものでなく，社会一般の良識や常識に合致し，社会の期待に応えようとする姿勢が見られるか。(使命感)

3　論理性

(1)　冷静によく考えて意見を述べ，内容に一定の論理性と方向性があり思考に深まりが見られるか。(熟慮・冷静)

(2)　教職を希望する動機が明確であり，主張や意見が断片的な感想にとどまらず，一貫性と整合性があるか。(指向性)

(3)　視点が明確で，論理を体系化する能力が感じられるか。(論理性)

4　態度

(1)　服装，言葉遣い，礼儀作法は望ましいか。(マナー)

(2)　教職への積極性，意欲，情熱が感じられるか。(意欲，積極性)

(3)　落ち着いていて自信をもち，洗測とした言動をとれるか。(情緒)

5　その他

面接委員が独自に評価する観点

・教職教養や鹿児島県の教育状況を問われた。

・事前に提出した「自己申告書」について質問される。

・授業を行う際の心構え，姿勢なども聞かれる。

・とにかく，自信をもって話せるのが一番大事だと思います。

・その点，講師経験のある受験生は有利です。

◆適性検査(2次試験)　時間45分

【検査内容】

□クレペリン

□YG

・集団討論，個人面接のあとに行うので疲労感がたまった中，テストを受けて辛いです。

◆集団討論(2次試験)　試験官4人　受験者3〜5人　時間35分

▼全校種

【テーマ】

□「保護者にとってのPTAの負担が大きい。」という意見に対して，どのように考えるかグループで意見を出し合いなさい。また，保護者が，PTA活動に参加しやすい雰囲気や環境作りのためにどのようにすればよいか話し合いなさい。

□今年は8月に「山の日」という新しい祝日ができました。このグループで，唯一祝日がない6月に新しい祝日(記念日)を作るとしたら何という祝日にするかその理由も含めて話し合いなさい。

□ネットショッピングや電子書籍の普及で，書籍や雑誌の売り上げが落ち，店舗を構える従来型の書店が大きな打撃を受けていると言われています。あなた方は，書店の経営者の立場になって，この苦境を打開する策を話し合いなさい。

□近年，次世代育成支援対策推進法や女性活躍推進法が施行されるなど，子育て支援を国が推進している状況です。男女を問わず，子育てと仕事を両立するためにはどうしたらよいですか，様々な観点か

ら話し合い，グループとして一定の方策を討議しなさい。

□世界的に難民の受入れの可否が議論となっています。日本においても，少子高齢化が進み，将来労働力不足が懸念される中，移民を積極的に受け入れるべきとの意見もあります。こうした意見に対する賛否とその理由について討議しなさい。

□「早寝早起き朝ご飯」など，わかりやすい三つの言葉を提示して，子育てを実践するという取組がみられます。これから，グループで子育てに関して新たに三つの言葉を討議しなさい。

□皆さんは，ある職場の交通安全担当の係になりました。来月は，自動車運転マナーアップ強化月間となっていますが，交通安全を守るための具体策を考えた上で，強化月間にふさわしいスローガンを話し合いなさい。

□部活動に対して，教師にとっても生徒にとっても「やり過ぎだ」という一部の指摘があり，部活動の在り方が問われています。今後の部活動の在り方についてグループで討議しなさい。

□このグループのメンバーで，会社を立ち上げることになりました。今までありそうでなかった商品を開発し，販売するという会社です。今回は50代以上の男性を対象にした商品を開発・販売する予定です。どのような商品を開発し，販売戦略をどうするのかということについて討議しなさい。

□この度，「自然災害に強い町づくり」をテーマに町内会で研修会が行われることになりました。このグループが研修会を企画する担当グループです。この研修会をどのような内容で実施するかを話し合いなさい。

□この夏行われたリオデジャネイロ・オリンピックでは，多くの日本人選手の活躍がありました。2学期はじめに，リオ五輪を題材にした5分程度の講和を児童生徒向けにすることになりました。どの校種の何年生向けに，どのような講和にするか話し合いなさい。

□鹿児島の食材を用いた「銘菓」を売り出していくことになしました。このお菓子の「名称」を定め，どのようなお菓子なのか，また，こ

のお菓子をCMとしてテレビ等で放送する際どのようなCMにするか
を話し合いなさい。

□鹿児島の豊かな自然環境をテーマに，児童生徒向けの環境教育を検
討します。「山」もしくは「海」のどちらのテーマにするかを一つ
選び，そのテーマで，どの校種のどの学年にどのような内容の環境
教育を進めていくか話し合いなさい。

□学校において，紙の教科書やノートの代わりに，児童・生徒たち全
員にタブレットなどの電子機器を持たせて授業を行ってはどうかと
いう意見もあります。このことについての是非を，一定の結論を得
るように討議しなさい。

【質問内容】

□最近子どもの家庭(子育て)における事件が多いがそれに関してどう
思うか。

□家訓(とまではいかなくても，小さい頃から厳しく親に言われてきた
こと)はあるか。また，小学校3年生の担任になった際，どのような
級訓をつくりたいか。

□1次の合格発表が出てこの2次試験までにどのような取り組みをした
か。その上で本日の自分の出来を100点満点でいうと何点か。

□子育てにおける自分たちで決めたキャッチフレーズを家庭で行うこ
とで，学校生活でどのような影響が表れると思うか。

※集団討論の後に面接官から1つずつ質問される。

※評価の観点は，以下の通りである。

1　リーダー性

○　討議のきっかけや流れをつくることができるか。

○　異なる意見の調整ができるか。

○　横道にそれた議論を正しく修正することができるか。

2　論理性

○　視点が明確で，発言がわかりやすいか。

○　発言に一貫性と整合性はあるか。

○　議題について正しい知識や情報を踏まえ，発言しているか。

3　協調性

○　全員で結論を出そうとする態度が見られるか。

○　他人への適切な気配りを行っているか。

○　感情的にならずに議論をできるか。

4　コミュニケーション能力

○　自己の意見が他人によく理解されるよう表現を工夫しているか。

○　他人の立場や考え方に傾聴しているか。

○　グループ内の討議の方向性や情報を共有しているか。

5　態度・意欲

○　服装，言葉遣いは望ましいか。

○　表情は豊かであるか。

○　積極性，意欲，情熱が感じられるか。

※5つの観点の評価(各5点)を合計して総合評価(25点満点)とする。

・時事については，自分の主張を持つところまで，日常考えておいた方がよい。

・面接官には女性が2，3人いて，学校のPTA役員の方なのか，30分の討論が終わったあと，追加でPTAのことについて，こちらに質問されました。

◆実技試験(2次試験)

▼小学校・特支小学部

〈体育実技〉

【課題1】

□水泳

※ねらい…同じ泳法で25mをスムーズに泳ぐことができる。

※評価基準

得　点	評　　価　　の　　観　　点
7　点	同じ泳法で25mを手足の調和のとれた動きで，スムーズに泳ぐことができる。
5　点	同じ泳法で25mを泳ぐことができる。
3　点	同じ泳法ではないが，なんとか25mを泳ぐことができる。
1　点	25mを泳ぐことができない。

【課題2】

□器械運動

※ねらい…一連の動作が，連続して正確にできる。

※評価基準

得　点	評　　価　　の　　観　　点
7　点	個々の動作が連続して，よどみなく正確にできる。
5　点	連続しているが，個々の動作に正確さを欠く。
3　点	動作が不正確である。
1　点	個々の動作ができない。

【課題3】

□体操

※ねらい…一連の動作が正確で，ダイナミックに調子よくできる。

※評価基準

得　点	評　　価　　の　　観　　点
6　点	一連の動作が正確で，ダイナミックに調子よくできる。
4　点	一連の動作は正確にできるが，ダイナミックさに欠ける。
2　点	正確さとダイナミックさに欠ける。
1　点	個々の動作が不正確でぎこちない。

・マットと水泳は1回づつ練習があった。

▼中学・特支家庭

【課題】

□試験用布に1〜7を行い，図の通り完成させなさい。(1〜7を行う順は
　自由でよい。)

177

1　試験用布(ア)(イ)の縫い合わせ
・試験用布(ア)(イ)を所定の位置で縫い合わせる。縫い代は袋縫いとする。
2　ポケット付け
・試験用布(ウ)のポケット口を三つ折り縫いにする。
・試験用布(ウ)を所定の場所に縫い付ける。
3　なみ縫い
・試験用布(イ)の所定の場所になみ縫いをする。
4　まつり縫い
・試験用布(イ)の所定の場所にまつり縫いをする。
5　半返し縫い
・試験用布(イ)の所定の場所に半返し縫いをする。
6　スナップボタン付け
・試験用布(ア)の所定の場所にスナップボタンを付ける。
7　カーブの始末
・試験用布(ア)の裏からバイアステープをあて，ミシンで縫い付ける。
・バイアステープの幅を揃え，表からステッチをかける。

図　(試験用布)

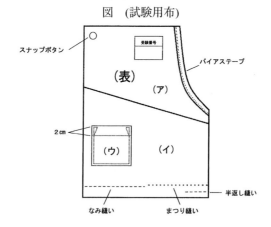

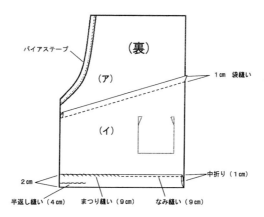

バイアステープ

(裏)

(ア)

1 cm　袋縫い

(イ)

2 cm

中折り（1 cm）

半返し縫い（4 cm）　まつり縫い（9 cm）　なみ縫い（9 cm）

※実施時間は40分とする。事前に準備の時間を10分間(ミシンの糸かけ，
　試し縫い等)，事後に仕上げ・後始末(アイロン仕上げを含まない。)
　の時間を10分間とする。

※配点

ア　中学校　特別支援学校

ミシン縫い	26
手縫い	33
操作・用具の扱い	31
全体のできばえ	10
合　計	100

※評価の観点及び基準は以下の通りである。

ア　中学校・特別支援学校

・基本的な被服製作等の製作を指導する際の，知識と技術力が身に付
　いているか。

・指示どおりの場所に指示どおりの縫い方ができているか。

・全体のできばえがよいか。

・材料・用具を適切に扱えるか。

▼高校家庭

【課題】

□試験用布A，Bに1〜5を行い，図のとおり完成させなさい。(ただし，2〜5を行う順は自由でよい。)

試験用布A

1　なみ縫い，まつり縫い，三つ折りぐけ

・開始直後5分間は，試験用布(ア)の所定の位置を縫う。時間内に1が終わった場合は2以下に進んでよい。

・角は額縁にして三つ折りぐけをする。

・時間内に1が終わらなかった場合は，「1を継続」，又は「2以下に進む」のいずれでもよい。

2　見返し

・試験用布(イ)の縫い代に端ミシンをかける。

・試験用布(ア)と(イ)を縫い合わせ，表に返したとき落ち着くように処理をする。

3　千鳥がけ

・所定の位置に千鳥がけをする。

試験用布B(ミニショートパンツ)

4　縫い合わせ

・試験用布(ウ)と(エ)を縫い合わせる。

5　縫い代の始末

・股上・・・・カーブの前後6cmに重ね縫いをする。縫い代を割る。

・股下・・・・縫い代を割る。

・脇・・・・縫い代は二度縫いして前パンツ側にたおす。

・ウエスト・・三つ折り縫い。ゴム通し口を作る。

※股上，股下，裾の縫い代は裁ち目のままでよい。

図　(試験用布A)

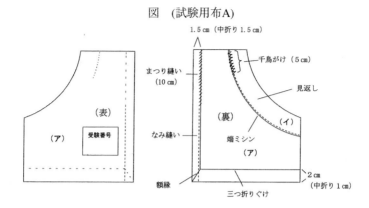

（試験用布　B　）

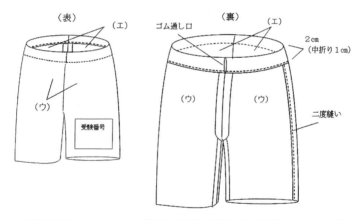

※実施時間は60分とする。事前に準備の時間を10分間(ミシンの糸かけ,
　試し縫い等), 事後に仕上げ・後始末(アイロン仕上げを含まない。)
　の時間を10分間とする。

※配点

イ　高等学校

ミシン縫い	14
手縫い	36
デザイン要素の加工	17
操作・用具の扱い	22
全体のできばえ	11
合　計	100

※評価の観点及び基準

イ　高等学校

・日常着等の被服作品の製作を指導する際の，知識と技術力が身に付いているか。

・指示どおりの場所に指示どおりの縫い方ができているか。

・全体のできばえがよいか。

・材料・用具を適切に扱えるか。

2016年度　面接実施問題

◆実技試験(1次試験)

　▼中高保体，特支保体

【必修課題】

□水泳

平泳ぎ(25m)→ターン→他の泳ぎ(25m)

※ねらい…平泳ぎでスタートして25m泳ぎ，折り返した後，他の泳ぎで25mの計50mを，それぞれ正しい泳法でスピードに乗って泳ぐことができる。

【選択課題】

□ダンス，柔道，剣道から1種目

〈ダンス〉

※ねらい…(1)「示された一連の動きをリズミカルに踊ることができる。(2)テーマに沿って，滑らかな動きで，ひとまとまりのダンスを作り，踊ることができる。

〈柔道〉

※ねらい…柔道の基本動作の中から受け身・崩し・体さばきが，対人的技能の中から手技(体落とし)・腰技(大腰)・足技(ひざ車)が相手の動きに応じてできる。

〈剣道〉

※ねらい…剣道の基本動作・基本の打ち，対人的技能の中から，応じ技(小手すり上げ→面，面抜き→胴)が充実した気勢，正しい姿勢，正確な打ちでできる。

□陸上競技，器械運動，球技から2種目

※必修，選択種目に必要な服装，用具，運動靴(上履・下履)を持参すること。

〈陸上競技(ハードル走)〉

男子：55mハードル　　女子：50mハードル

※ねらい…ハードリングがスムーズで，より速く駆け抜けることができ
　　る。

	距　離	Hの高さ	スタートから 第１Hまで	各H間の距離	最終Hから ゴールまで
男　子	５５m	８４．０cm	１３．０m	８．５m	８．０m
女　子	５０m	７６．２cm	１２．０m	７．５m	８．０m

〈器械運動〉

※ねらい…正確かつ安定したフォームで，一連の動作を連続してリズ
　　ミカルにできる。

〈球技〉

※ねらい…バレーボールの基本技能，応用技能を一連のプレーの中で，
　　正確かつリズミカルにできる。

▼中高音楽，特支音楽

【課題】

□ピアノ

　　受験する校種の教材の中から，当日指定する歌唱教材1曲の伴奏

□声楽

□リコーダー

□指揮

□専攻実技(高等学校・特支高等部の受験者のみ)

　　任意の楽曲を演奏する。

※アルトリコーダーを持参すること。

※高・特別支援学校の受験者は，演奏に必要な楽器を各自準備するこ
　　と。(ただし，ピアノ，コントラバス，ティンパニ，マリンバ，ハ
　　ープについては，備え付けのものを使用できる。)

▼中学美術，特支美術

【課題】

□美術

※各種の描画用鉛筆及び消し具，のり，はさみ，カッターナイフ，三
角定規類，コンパス，水彩用具一式を持参すること。

▼高校書道

【課題】

□漢字(楷書)の臨書

□漢字(行書)の臨書

□仮名の臨書

□篆書の臨書

□実用書

□創作(漢字仮名交じりの書，漢字または仮名)

※書道用具一式(半切用下敷，練習用画仙紙を含む。)を持参すること。

▼中学英語，特支中等部英語

【課題】

□個人面接

　3つの日本の伝統的な行事から1つを選び，その行事について，受験
者の体験や意見を含めて英語で1分間話す。

①花見

②七夕

③正月

▼高校英語，特支高等部英語

【課題】

□グループ面接

　テーマについて摸擬ディベートを行う。

〈テーマ〉

The number of elemenntary school students who have cell phones, such as smart phones and flip phones, has been increasing recently. What do you think about that?

◆個人面接(2次試験)　面接官2人　30分(総括面接10分，担当面接20分)
　※担当面接で自己申告書を基にした説明を3分間実施する。ただし，面接会場に原稿等のメモは持ち込めない。
　※小・特別支援学校小学部受験者においては，総括面接の冒頭で，英語による簡単なスピーチ(自己紹介等)を実施する。
　▼小学校全科
　【質問内容】
　〈総括面接〉
　□いじめが起きたらどのように対応するか。
　□なぜ「開かれた学校づくり」が大切なのか。
　□あなたが教師になった際，なにを最も重視して指導に当たるか。
　□不祥事を起こさないようにするにはどうしたらよいか。
　〈担当面接〉
　□離島には行けるか。
　□教育実習で学んだことはなにか。3つ挙げなさい。
　□教育実習で困ったことはなにか。
　□「わかる授業」とはどのようなものか。
　□教員の信用失墜行為とは具体的になにか。
　□公務員の服務とはなにか。

◆適性検査(2次試験)　75分
　【検査内容】
　□クレペリン検査

□YG検査(120問)
※2つの検査を，休憩を含めて計75分で実施する。

◆集団討論(2次試験)　面接官4人　受験者5人　35分(構想5分，討議25分，質疑応答5分)
▼全校種
【質問内容】
□国際宇宙ステーションが話題になっています。そこに，このグループのメンバーがチームを結成して参加し，子どもたちに夢や希望を与えるプログラムを行うことになりました。どのようなプログラムがよいか，討議しなさい。
□日常生活において，コンプライアンスやクライアントのようなカタカナ表記の単語を，最近多く見たり聞いたりします。そのような表現の長所および短所について討議しなさい。
□世界文化遺産と世界自然遺産を有する鹿児島県の魅力を発信するために，表紙を含めて4ページ程度のパンフレットを作成することになりました。どのような内容にするか，話し合いなさい。
□鹿児島の食材や料理を使った新しい定食を考案することになりました。その定食の内容，さらにその定食名としてアピール性のある名前について話し合いなさい。
□環境保護や環境保全など地球にやさしいエコ活動の推進が叫ばれています。このようなエコ活動で，無理なく進められるものについて意見を出し合ったあとで，エコ活動推進に伴い育まれる人間性について話し合いなさい。
□最近，子どもたちは山や川で遊ぶ機会が減るなど，自然とのかかわりがうすらいでいると言われます。そこで，このメンバーで，都会から訪れた子どもたちを対象にした1日自然体験プログラムを企画することになりました。どのようなプログラムにするか討議しなさい。

□人が社会で生きていく中では，多かれ少なかれストレスはあります
　が，そのストレスとうまくつきあったり，ストレス耐性を高めたり
　するために，どのようなことが有効だと考えるか話し合いなさい。

□「オワハラ」や「リア充」といった若者による略語多用の風潮を懸
　念する声が多くあります。そこで逆の視点に立ち，その良さについ
　て話し合いなさい。

□日本には，軽自動車や折り紙のように日本独自・日本固有のものが
　あります。最近，ジャパンオリジナルという言葉も耳にしますが，
　その素晴らしさと，その維持発展の策について，話し合いなさい。

□地域全体で子どもを守り育てるための環境づくりを推進する研修
　を，このグループで企画することになりました。どのような企画に
　するか話し合いなさい。

□鹿児島市電のレール内の芝生緑化が，都市部の緑化策としてかつて
　話題をよびました。そこで，都市部におけるさらなる緑化推進の策
　として，どのような取組が最も効果的か話し合いなさい。

□年金支給年齢の引き上げや65歳定年などを受け，個人の勤務年数は
　長くなることが，今後予想されます。そこで，仕事にやりがいやい
　きがいを長く持ち続けるためのモチベーションの保ち方について話
　し合いなさい。

□初めて自転車に乗れたときの喜びが大きかったことを記憶している
　人も多いと思います。そこで，自転車に乗れない子どもに，その乗
　り方を教える際に，どのような声掛けや手立てで教えていくか話し
　合いなさい。

□"いかのおすし"や"報連相"など頭文字を使った言葉があります。
　そこで，教師を目指す人々へエールを送る言葉として，頭文字に
　"かきくけこ"を使った"かきくけこ作文"を作りたいと思います。
　どんな作文にするか話し合いなさい。

・討論開始前に5〜10分ほど自由時間ができるので，その間に他の受
　験者と討論の進め方を大まかに話し合っておくとよい。

◆実技試験(2次試験)

▼小学校全科

【体育課題】

□水泳(泳法自由，1回のみ練習可)

※ねらい…同じ泳法で25mをスムーズに泳ぐことができる。

□器械運動(マット運動，1回のみ練習可)

　側転→水平バランス→前転→伸膝後転→フィニッシュ

※ねらい…一連の動作が，連続して正確にできる。

□体操(ラジオ体操第一)

※ねらい…一連の動作が正確で，ダイナミックに調子よくできる。

▼中学家庭

【課題】

□中学校の被服分野の指導に必要な基本的製作技術(手縫い，ミシン縫い，アイロン等の扱い)

　試験用布に1〜8を行い，図のとおり完成させなさい。(ただし，1〜8を行う順は自由でよい。)

1　図案縫い

・試験用布(ア)の所定の位置に印どおりにミシン縫いをする。

2　上部ミシン縫いと縫い代の始末

・試験用布(イ)，(ウ)を所定の位置で縫い合わせ，縫いしろの始末をする。

3　三つ折り縫い

・試験用布(イ)の所定の場所に三つ折り縫いをする。

4　まつり縫い

・試験用布(ウ)の所定の場所にまつり縫いをする。

5　なみ縫い

・試験用布(ウ)の所定の場所になみ縫いをする。

6　千鳥がけ

・試験用布(ウ)の所定の場所に千鳥がけをする。

7　半返し縫い

・試験用布(ウ)の所定の場所に半返し縫いをする。

8　スナップつけ

・試験用布(ア)の所定の場所にスナップをつける。

図(試験用布)

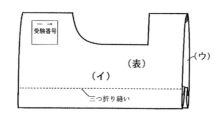

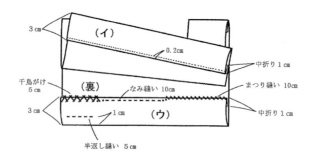

190

※実施時間は40分間とする。事前に準備の時間を10分間，事後に仕上げ・後始末(アイロン仕上げを含まない)の時間を10分間とする。

▼高校家庭

【課題】

□高等学校の被服分野の指導に必要な基本的製作技術(手縫い，ミシン縫い，アイロン等の扱い)

　試験用布A，Bに1～6を行い，図のとおり完成させなさい。(ただし，2～6を行う順は自由でよい。)

試験用布A

1　なみ縫い，耳ぐけ

・開始直後5分間で行う。時間内に1が終わった場合は，2以下に進んでよい。

・時間内に1が終わらなかった場合は，「1を継続」，または，「2以下に進む」のいずれでもよい。

試験用布B

2　肩縫い

・試験用布(ア)と(イ)，(イ)と(ウ)を合わせ，所定の位置をミシン縫いする。

・右肩縫いは，折り伏せ縫い。前に倒し，出来上がり幅は1cm。

・左肩縫いは，二度縫い。前に片倒し。

3　えりつくり

4　えりつけ

5　えりぐりの始末

・バイアステープを用いて，えりぐりの始末をする。

・バイアステープの仕上がり幅は，0.7～0.8cmとし，まつり縫いとする。

・前見返し端の所定の位置を千鳥がけでとめる。

6　スナップつけ

・所定の場所にスナップをつける。

図(試験用布A)

図(試験用布B)

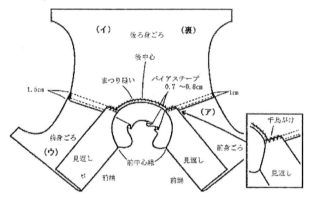

※実施時間は60分間とする。事前に準備の時間を10分間，事後に仕上
げ・後始末(アイロン仕上げを含まない)の時間を10分間とする。

2015年度　面接実施問題

◆実技試験(1次試験)

▼中学英語

【課題】

□個人面接(英語会話)

　2つの四字熟語から1つ選び，その意味及び自分の体験等を1分間で説明する。

① 　Rome was not built in a day.

② 　A friend in need is a friend indeed.

③ 　Failure teaches success.

※発表内容(構成力，適切さ，わかりやすさ・展開力)，英語力(発音・流暢さ，文法・正確さ)，発表態度(積極性)により評価される。

▼高校英語

【課題】

□グループ面接(英語会話)

テーマについて模擬ディベートを行う。

〈テーマ〉

The number of students studying abroad has been decreasing recently. What do you think about it?

※発表内容(構成力，適切さ，わかりやすさ・説得力・分析力)，英語力(発音・流暢さ，文法・正確さ)，発表態度(積極性・協調性，指導力)により評価される。

▼中高音楽

【共通課題】

□ピアノ

　受験する校種の教材の中から，当日指定する歌唱教材1曲の伴奏

□声楽

□アルトリコーダー

□指揮

【高校課題】

□専攻実技

　任意の楽曲を演奏する(伴奏者は付かない)。

　※携行品は，アルトリコーダーである。

　※高校・特別支援学校高等部の受験者は，専攻実技において演奏す
　　る楽譜を1部提出する。

　※演奏に必要な楽器は各自準備する。ただし，ピアノ，コントラバ
　　ス，ティンパニ，マリンバ，ハープについては，備え付けのもの
　　を使用できる。

▼中高保体

【必修課題】

□水泳

　平泳ぎ(25m)→ターン→他の泳ぎ(25m)

　※練習がある。

【選択課題1】

　※ダンス，柔道，剣道から1種目選択する。

〈ダンス〉

□共通課題

　示された一連の動きをリズミカルに踊る。

□創作

　テーマに沿って，なめらかな動きで，ひとまとまりのダンスを作
　り，踊る。

※練習がある。

〈柔道〉

□基本動作

受け身，崩し，体さばき

□対人的技能

手技(体落とし)，腰技(大腰)，足技(ひざ車)

※2人組で練習する。

〈剣道〉

□基本動作

基本の打ち

□対人的技能

応じ技(小手すり上げ→面，面抜き→胴)

※2人組で練習する。

【選択課題2】

※陸上競技，器械運動，球技から2種目

〈陸上競技〉

□ハードル走

※男女別の距離及びハードルの置き方は以下のとおり。

	距離	ハードルの高さ	スタートから第1ハードルまで	各ハードル間の距離	最終ハードルからゴールまで
男子	55m	84.0cm	13.0m	8.5m	8.0m
女子	50m	76.2cm	12.0m	7.5m	8.0m

※ハードルは5台ある。

※各組ごとに練習する。

〈器械運動〉

□マット運動

安定したフォームで，一連の動作を連続してリズミカルに行う。

※練習がある。

〈球技〉

□バレーボール

バレーボールの基本技能，応用技能を一連のプレーの中で，正確

かつリズミカルに行う。

※各組で練習する。

※携行品は，必修，選択種目に必要な服装，用具，運動靴(上履・下履)等である。

▼中学美術

【課題】

□作品制作等

鉛筆による描画，ティッシュボックスの作成・デザイン

※携行品は，各種の描画用鉛筆及び消し具，のり，はさみ，カッターナイフ，三角定規類，コンパス，水彩用具一式である。

▼高校書道

【課題】

□漢字(楷書)の臨書

□漢字(行書)の臨書

□仮名の臨書

□篆書の臨書

□実用書

□創作(漢字仮名交じりの書，漢字または仮名)

※携行品は，書道用具一式(半切用下敷，練習用画仙紙を含む)である。

◆個人面接(2次試験)　試験官2人　受験者1人　30分

▼全校種

※個人面接の内容は，総括面接(10分)，担当面接(20分)とする。

※係員の指示に従って試験室に入り，指定された面接官(総括，担当A又はB)のところで面接を受ける。

※面接官の前で①受験校種，教科，②受験番号，③氏名を述べてから

着席する。

※小学校及び特別支援学校小学部の受験者は，総括面接の冒頭で，英語による簡単なスピーチ(自己紹介等)を行う。

※担当面接で自己申告書を基にした説明を3分間行う。ただし，面接会場に原稿等のメモは持ち込めない。

※指導性(課題解決・創造性，教養・実践力，説得力)，社会性(協調性，向上心，使命感)，論理性(熟慮・冷静，指向性，論理性)，態度(マナー，意欲，積極性，情緒)などの観点により評価される。

◆集団討論(2次試験)　試験官4人　受験者3〜5人　40分
▼全校種
【テーマ】

□鹿児島県の特産品である「さつまいも」「茶」「鰹節」「黒酢」の中から一品選び，その特産品を生かした地域の産業振興策について提言しなさい。その際，その商品の生産そのものだけでなく，広報・流通等幅広い視点で考えること。

□このグループでボランティアに参加したいと思います。何のボランティアを行うのか，その理由・目的を明確にして，ボランティア実施の計画を立てなさい。

□このグループのうちの1人が，○○大学の学長選挙に立候補することになりました。日本の大学全般に共通する課題を話題にしながら，「○○大学を，このような大学にします。」という選挙の公約を作成しなさい。

□鹿児島県教員等採用選考試験募集のパンフレットを作ることになりました。「表紙の写真に何を使うか。」，「キャッチフレーズは何か。」を必ず含めて，その企画案について話し合い提示しなさい。

□あなたは，地域の防災担当者として地震や津波，豪雨等の自然災害に対して，その備えや心構え，また，その災害が起こった後どのような行動をとるのかということについて地域で呼びかけを行うこと

になりました。このグループでその呼びかけの内容について考え，その骨子をとりまとめなさい。

☐「よく見かける学校の風景」というタイトルの寸劇を行うことになりました。その寸劇は，グループで演じます。それぞれの配役を定め，グループで話し合って脚本を作成しなさい。

☐マンションを買うべきか，一戸建てを買うべきか。グループを2つに分けてディベート的に議論しつつ最終的には，どちらかに意見を集約しなさい。その際に必ず「少子高齢化」の視点を含めること。

☐早期英語教育についてどう思いますか。グループを2つに分けてディベート的に議論し，最終的には，その是非についてどちらかに意見を集約しなさい。

☐地方の動物園などで，展示の方法や広報の方法を変えたことで入場者数が飛躍的に増加した施設があります。このグループで，動物園以外の施設を取り上げ，その施設に多くの人が来てもらえるような方法を考え，提案しなさい。

☐このグループで会社をつくります。その会社は，現代の社会において世間からのニーズが高い商品やサービスを提供し，成功が見込まれる会社とします。どのような会社をつくり，どのような戦略で収益をあげますか。グループでとりまとめなさい。

☐就業時間を前倒しするサマータイム制の導入についてどのように考えますか。その賛否についてグループを2つに分けてディベート的に議論しつつ，最終的には，どちらかに意見を集約しなさい。

☐地方のかつての中心商店街の通りが，「シャッター通り」と名前がつくように，近年，地方の商店街に元気のない状況があります。地域のメインストリートの活性化について話し合い，活性化案をとりまとめなさい。

☐2020年には，東京オリンピックや鹿児島国体が開催され，多くの外国人が来日し，鹿児島への観光客も増加することが予想されます。外国人が1週間滞在すると想定し，外国人へのお勧めの日本旅行の企画を提案しなさい。その際，1泊は鹿児島に宿泊するものとしま

す。

□選挙の際の投票率の低下について問題になっています。投票率を高めるためにどのような取組をすればよいか話し合いなさい。

※1グループ5人を上限とする討議を行う。

※指定された組全員一緒にグループ討議室に入り，A～Eの椅子の前に進む。後は，係員の指示に従って自己紹介(受験番号のみ)し，試験官の指示に従う。

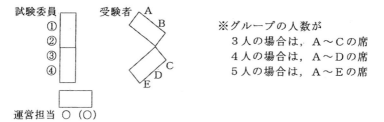

※1グループ当たりの討議の時間は，質問の時間を含めて35分とする。

※入室後，係員の指示があったら討議を始める。討議終了まで，試験官から指示は一切出ない。グループのメンバーのみで討議を進める。

※リーダー性，論理性，協調性，コミュニケーション能力，態度・意欲の観点により評価される。

※集団討論の流れ

	時間	●控室係　★担当　☆試験委員	留意事項	評　価
1 構・想	5分	控室で「グループ討議カード」を渡す。	○　受験番号と氏名を確認し，受験番号順に割り振られたA～Eを受験者に指示する。	1　評価は，「評価の観点」(別紙参照)に基づいて観察し，総合的に判断する。
		●　「これからグループ討議カードの内容について自分の考えをまとめてください。時間は，5分間です。ただし，この場ではグループの者と話し合ってはいけません。必要があればメモをとってもかまいません。始めてください。」		
		〜 5分後 〜		
		●　「止めてください。」		2　観点別評価は次のとおり評価する。
2 受験者入室前		●　「グループ討議カードを持って試験室に入室してください。」	○　入室し，それぞれの椅子の前に立たせる。	5　優れている
		「入室したら，A～Eの指示された椅子の前に立ってください。」		4　やや優れている
				3　普通
		★　「Aさんから受験番号を述べて着席してください。」	○　受験番号を言わせ着席させる。	2　やや劣る
				1　劣る
				0　極めて劣る
3 グループ討議	35分	★　「これからグループ討議を行います。討議の時間は25分間です。時間内にグループの結論が導き出せるよう討議してください。討議内容についてメモをとってもかまいません。それでは始めてください。」	○　自発的に発表させ評価の観点について観察する。	3　観点別評価を合計して，総合評価とする。
			○　グループ討議の間試験委員は質問等を行わない。	
		☆　「グループ討議を止めてください。」試験委員からの質問	○　討議の進捗度合いに応じて，発言内容について確認したいことや討議に関連したことを受験者に質問する。	4　評価は，すべて別紙「グループ討議評価カード」に記入する。
4 終了		★　「以上で，グループ討議を終わります。グループ討議カードを出口の箱に入れて退室してください。」		
5 評価	5分	☆　「グループ討議評価カード」への記入。		
(計)	45分			

◆適性検査(2次試験)　75分
　▼全校種
　※試験官の指示に従って受検する。

◆実技試験(2次試験)
　▼小学校教諭
　【体育課題1】
　□水泳
　　同じ泳法で25m泳ぐ。
　　※練習がある(25m)。
　【体育課題2】
　□器械運動(マット運動)
　　一連の動作を，連続して正確に行う。
　　※練習がある(1回)。
　【体育課題3】
　□体操
　　「ラジオ体操第一」の一連の動作を行う。

　▼中学家庭
　【課題】
　□試験用布に1〜7を行い，図のとおり完成させなさい。(ただし，1〜7
　　を行う順は自由でよい。)
　　1　ポケットつけ
　　　・試験用布(エ)のポケット口を三つ折り縫いにする。
　　　・試験用布(エ)を所定の位置に縫いつける。
　　2　切り替え縫い
　　　・試験用布(ウ)の上端にギャザーを寄せ，試験用布(イ)と縫い合
　　　　わせる。
　　3　肩縫い

・試験用布(ア)(イ)を合わせ，所定の位置をミシン縫いし，縫い代を割る。

4　えりぐりの始末

・試験用布(ア)(イ)の裏からバイアステープをつけ，ミシンをかける。

・バイアステープのできあがり幅をそろえ，表から押さえのステッチをかける。

5　脇縫い

・縫い代は二度縫いで適切に始末する。

6　すその始末

・すそを指示通りに折る。

・試験用布(ア)の所定の位置になみ縫いをする。

・試験用布(ア)の所定の位置にまつり縫いをする。

・試験用布(ウ)の所定の位置に三つ折り縫いをする。

7　ボタンつけ

・試験用布(エ)の所定の位置にボタンをつける(糸足をつける)。

図 (試 験 用 布)

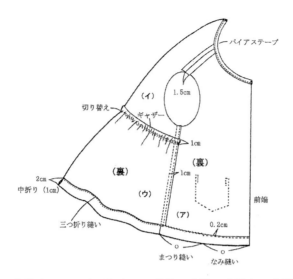

※実施時間は40分間とする。事前に準備の時間を10分間，事後に仕
上げ・後始末(アイロン仕上げを含まない)の時間を10分間とする。

▼高校家庭
【課題】
□試験用布に1〜7を行い，図のとおり完成させなさい。(ただし，2〜7
を行う順は自由でよい。)
1 えりぐり見返し布の裁断
・見返し布(エ)を裁断する。(試験用布【イエロー淡】を使用)
2 ダーツ縫い
・試験用布(ア)のダーツを縫う。
・始末は片倒しとする。
3 切り替え縫い
・試験用布(イ)の所定の位置にギャザーをとり，試験用布(ア)と
縫い合わせる。
4 肩縫い
・試験用布(ア)(ウ)を合わせ，所定の位置をミシン縫いする。

　　　・縫い代は二度縫いで適切に始末する。

5　えりぐりの始末

　　　・見返し布(エ)を用いてえりぐりの始末をする。

　　　・前見返し端の所定の位置を千鳥がけでとめる。

6　脇縫い

　　　・縫い代は二度縫いで適切に始末する。

7　すその始末

　　　・前見返しの下端の始末をする。

　　　・すそを指示通りに折る。

　　　・試験用布(イ)の所定の位置にまつり縫いをする。

　　　・試験用布(イ)の所定の位置になみ縫いをする。

　　　・試験用布(イ)～(ウ)の所定の位置に三つ折り縫いをする。

図　（試験用布）

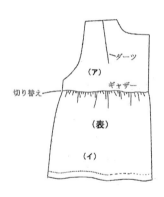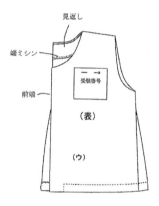

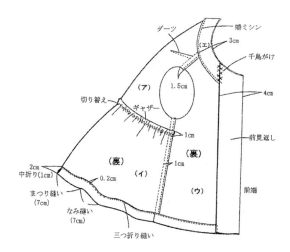

※実施時間は60分間とする。事前に準備の時間を10分間，事後に仕
　上げ・後始末(アイロン仕上げを含まない)の時間を10分間とする。

※1は開始直後5分間で行う。時間内に1が終わった場合は，2以下を
　進めて構わない。

※時間内に1が終わらなかった場合は，「1を継続」，または，「2以下
　に進む」のいずれでも構わない。

2014年度　面接実施問題

◆実技試験(1次試験) 試験官1人　受験者1人　時間5分
　▼中学英語
　　【課題】
　　□2つのトピック(七転八起，十人十色)の中から1つ選び，それについて自分の意見を1分間考えた後，その考えた内容を1分以内で発表する。
　　※試験室に入室する時から退出するまで，すべて英語で話さなければならない。

　▼中高保体
　　【必須課題】
　　□水泳(必須)
　　【選択課題1】
　　□ダンス，柔道，剣道から1種目選択する
　　【選択課題2】
　　□陸上競技，器械運動，球技から2種目選択する

　▼中学音楽
　　【課題1】
　　□ピアノ
　　教材の中から，当日指定する歌唱教材1曲の伴奏を行う。
　　【課題2】
　　□声楽等
　　※携行品はアルトリコーダーであった。

▼高校音楽

【課題1】

□ピアノ

教材の中から，当日指定する歌唱教材1曲の伴奏を行う。

【課題2】

□声楽等

【課題3】

□任意の楽曲を演奏する(伴奏者はつかない)。

　　※携行品はアルトリコーダー，課題3の演奏に必要な楽器(ただし，
　　　ピアノ，コントラバス，ティンパニ，マリンバ，ハープは備え
　　　付けの物を使用できる)であった。

▼中高美術

　　※携行品は，各種の描画用鉛筆及び消し具，のり，はさみ，カッ
　　　ターナイフ，三角定規，コンパス，水彩用具一式であった。

▼高校書道

　　※携行品は書道用具一式(半切用下敷，練習用画仙紙を含む)であ
　　　った。

◆個人面接(2次試験) 面接官2〜5人　時間30分

▼全校種

　　※個人面接は総括面接(10分)，担当面接(20分)とする。

　　※係員の指示に従って試験室に入り，指定された面接官(総括，
　　　担当)のところで面接を受ける。

　　※面接官の前で受験校種・教科，受験番号，氏名を述べてから着
　　　席する。

　　※受験者は，提出した自己申告書の内容について，3分間説明を
　　　する(面接会場に原稿等のメモは持ち込めない)。

※小学校受験者は，総括面接の冒頭で，英語による簡単なスピーチ(自己紹介等)を行う。

※面接及び評価は5人の面接委員，担当面接は2人の面接委員で1人の受験者を面接する。

※評価の観点は，指導性，社会性，論理性，態度など10段階で行う。

▼小学校教諭

※離島での勤務についてや特別支援学校での勤務については，受験者全員が聞かれたようだった。

◆集団討論(2次試験) 面接官4人　受験者3〜5人　時間25〜35分

▼全校種

※1グループ5人を上限とする討議を行う。

※会場の配置図は以下の通り。

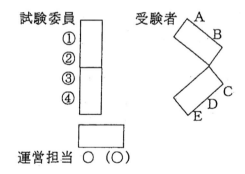

※以下の課題からの中から1つについて，討議を行う。

【課題】

□昨今，生きづらさが話題となっているが，すべての人が一定程度満足し充実した生活を送ることができる社会にするためには，どのような工夫が必要だと考えるか。具体策を提案しなさい。

□子どもは未来の宝物とも言われたりするが，昨今，育児放棄(ネ
　グレクト)が社会問題化している。このような問題が起こらない
　ようにするためにはどのようにしたらよいと考えるか。具体策を
　提案しなさい。

□これまでの日本は，豊かさ・便利さを求めるあまりエネルギーを
　大量に消費してきたが，資源の乏しい日本は，今後どのようにエ
　ネルギー問題に対応すべきだと考えるか。具体策を提案しなさい。

□社会的に弱い立場にある人たちに対する思いやりがある社会をつ
　くるためには，どのようにしたらよいと考えるか。思いやりとは
　何かということにも触れながら，具体策を提案しなさい。

□これからの日本の発展のために，どのようなコンテンツ産業※や
　日本文化などを海外に発信していけばよいと考えるか。理由とと
　もに具体的に提案しなさい。

　※コンテンツ産業…一般に，映画・音楽・ゲーム・放送・出版・
　　キャラクターなどの情報の内容に関する産業のことをいう。

□論評等の中で，現代の日本の青少年は他国に比べて幼稚だという
　意見があるが，これをどのように受け止め，どのように対応する
　か。具体的に提案しなさい。

□少子高齢化によって，地方では限界集落も増えている。鹿児島県
　も例外ではないが，限界集落を活性化する手立てについて，具体
　策を提案しなさい。

□県外から鹿児島県に観光客を呼び込むために，桜島をテーマにし
　た新しいキャッチコピーを作りたい。グループで一つにまとめて
　提案しなさい。

□学校から積極的に情報発信をするために，ホームページを作りた
　いと考えている。繰り返し，アクセスしてもらうためにどのよう
　な工夫をすればよいか，具体的なアイディアを提案しなさい。

□鹿児島県をこれまで以上に魅力あるものにし，活性化していくた
　めには，どのような取り組みを起こしたらよいと考えるか。具体
　的なプランを提案しなさい。

□県内では，学校の統廃合が進んでいるが，廃校になった学校の施設の地域振興につながる活用方法について，具体的なアイディアを提案しなさい。

□鹿児島から，これまで以上に，日本にとどまらず世界を目指す人材を育成するために新しい取り組みをしたい。具体的なプランを考えて提案しなさい。

□何事に対しても自ら考えるのではなく，マニュアルに依存する若者が増えていることが社会問題として取り上げられることがあるが，この問題の解決策を具体的に提案しなさい。

□昨今，職業人のあり方として社会全体でワークライフバランス(仕事と生活の双方の調和)の実現が提案されているが，その促進のための具体的なプランを提案しなさい。

※指定された組全員が一緒にグループ討議室に入り，A～Eの椅子の前に進む。後は，係員の指示にしたがって自己紹介(受験番号のみ)し，委員の指示にしたがう。

※評価の観点は，リーダー性，論理性，協調性，コミュニケーション能力，態度・意欲であり，5段階評価で採点する。

▼小学校教諭

【課題】

□鹿児島をより魅力ある県にし，活性化するための具体的なプランを出しなさい。

※構想時間5分，討論25分，質疑・応答が10分であった。

◆実技試験(2次試験)

▼小学校教諭

【課題1】

□水泳

同じ泳法で25m泳ぐ

【課題2】

□器械運動

【課題3】

□体操

ラジオ体操第1

　　※水泳の評価基準は手足の調和のとれた動きで，スムーズに泳ぐ
　　　ことができる等であった。

　　※器械運動の評価基準は個々の動作が連続して，よどみなく正確
　　　にできる等であった。

　　※体操の評価基準は一連の動作が正確で，ダイナミックに調子よ
　　　くできる等であった。

▼中学家庭

【実技課題】

□試験用布に次の1〜7を行い，指示どおり完成させなさい(ただし，
　図はでき上がりを示したものではないので，参考とすること。ま
　た，1〜7を行う順は自由でよい)。

図

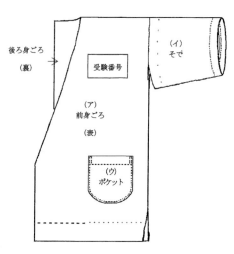

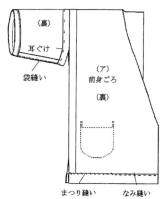

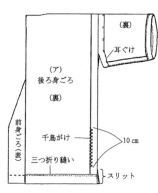

1　そでつけ

　　試験用布(イ)のそでをつける。

2　ポケットつけ

　　試験用布(ウ)のポケット口を三つ折り縫いにする。

　　試験用布(ウ)を所定の場所に縫いつける。

3　なみ縫い

試験用布(ア)の所定の場所になみ縫いをする。

4　まつり縫い

試験用布(ア)の所定の場所にまつり縫いをする。

5　千鳥がけ

試験用布(ア)の所定の場所に千鳥がけをする。

6　三つ折り縫い

試験用布(ア)の所定の場所に三つ折り縫いをする。

7　耳ぐけ

試験用布(イ)の所定の場所に耳ぐけをする。

※準備時間10分，実施時間40分，事後の仕上げ・後始末(アイロン仕上げを含まない)を10分とする。

※評価の観点は基本的な被服作品等の製作を指導する際の，知識と技術力が身に付いているか，指示どおりの場所に指示どおりの縫い方ができているか，全体のできばえがよいか，材料，用具を適切に扱えるか等である。

▼高校家庭

【課題】

□試験用布に次の1〜9を行い，指示どおり完成させなさい(ただし，図はでき上がりを示したものではないので，参考とすること。また，3〜9を行う順は自由でよい)。

図

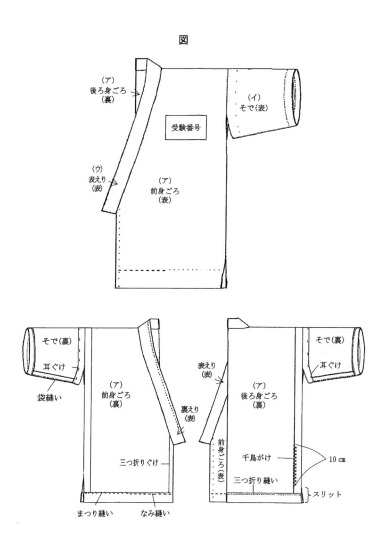

1　そでの裁断

　　試験用布(イ)を裁断する。

2　えりづけ

　　試験用布(ウ)のえりをつける。

3　そでつけ

試験用布(イ)のそでをつける。

4　なみ縫い

試験用布(ア)の所定の場所になみ縫いをする。

5　まつり縫い

試験用布(ア)の所定の場所にまつり縫いをする。

6　千鳥がけ

試験用布(ア)の所定の場所に千鳥がけをする。

7　三つ折り縫い

試験用布(ア)の所定の場所に三つ折り縫いをする。

8　三つ折りぐけ

試験用布(ア)の所定の場所に三つ折りぐけをする。

9　耳ぐけ

試験用布(イ)の所定の場所に耳ぐけをする。

※事前準備を10分，事後の仕上げ・後始末(アイロン仕上げを含まない)を10分とする。

※開始直後10分で1と2を行う。時間内に1，2が終わった場合は，3以下を進めて構わない。時間内に1，2が終わらなかった場合は「1，2を継続」，または「3以下に進む」のいずれでも構わない。

※評価の観点及び基準は，日常着等の被服作品の製作を指導する際の知識と技術力が身に付いているか，指示どおりの場所に指示どおりの縫い方ができているか，全体のできばえがよいか，材料，用具を適切に扱えるか等であった。

2013年度　面接実施問題

◆実技試験(1次試験)

　▼中学英語

　【課題】

　□個人面接

　　3つの童話から1つ選び，その童話の(主旨)教訓について英語で1分間説明する。

　　①アリとキリギリス

　　②うさぎとかめ

　　③酸っぱいぶどう

　　※評価基準は発表内容(構成力，わかりやすさ)，英語力(発音・流暢さ，文法・正確さ)，発表態度(積極性)

　▼高校英語

　【課題】

　□グループ面接

　　下記のテーマについて模擬ディベートを行う。

　　"What is the first priority of being a teacher?"

　　※評価基準は発表内容(分析力，構成力，説得力)，英語力(発音・流暢さ，文法・正確さ)，発表態度(積極性，指導力)

　▼中高音楽

　【課題1】

　□ピアノ

　　受験する校種の教材の中から，当日指定する歌唱教材1曲の伴奏

　【課題2】

　□声楽等

【課題3】(高校音楽受験者のみ)

□任意の楽曲の演奏(楽譜は事前提出)

※当日用意するもの…アルトリコーダー，必要な楽器(ただし，ピ
アノ，コントラバス，ティンパニ，マリンバ，ハープは会場のも
のを使用できる)

▼中高保体

【課題1】

□水泳

【課題2】

□ダンス，柔道，剣道から1種目

【課題3】

□陸上競技，器械運動，球技から2種目

※当日用意するもの…必要な服装，用具，運動靴(上履，下履)など

▼中高美術

【課題1】 60分

□「粘土を握りつぶしている手」を想定し，鉛筆で描きなさい。

※粘土は，テニスボール大程度の量を想定すること。

※粘土を握りつぶしている手は，片手とする。

※手と粘土の両方を描くこと。

【課題2】 120分

□ある中学校の図書室で使用するピクトグラムのデザインをするこ
とになった。以下に示した図書分類の類目中から7類の「芸術・
美術」と他に1つを自由に選び，ピクトグラムをデザインしなさい。

〈類目〉

0類…総記，1類…哲学，2類…歴史，3類…社会科学，4類…自然
科学，5類…技術・工学・工業，6類…産業，7類…芸術・美術，8
類…言語，9類…文学

※与えられた2つの枠内にそれぞれデザインすること。

※左の枠内には7類「芸術・美術」のピクトグラムをデザインすること。

※右の枠内には自由に選んだ類目のデザインを行い，枠外に選んだ類目を書き添えること。

※2つのデザインの図柄には統一性を持たせること。

※デザインは主に図柄で表現すること(一部に文字を使用してもよい)。

※必ず水彩絵具で彩色すること(色数は自由とする)。

※当日用意するもの…各種描画用鉛筆及び消し具，のり，はさみ，カッターナイフ，三角定規類，コンパス，水彩用具一式

▼高校書道

※練習用紙の使用枚数は自由とするが，清書は配付した用紙を用いる。

※書いた作品を置く下敷が必要な時は申し出る。

※字典類の使用は禁止。

※落款は自分の名前を書かないで指示されたとおりに書き，落款印の必要な清書作品には印の位置に赤のフェルトペンで□(適当な大きさで)を書き入れる。

※清書作品の左下に，黒鉛筆で受験番号を記入する。

※揮毫は，すべて机上で行う。

※決められた時間内で，清書を終える。

※問題用紙と書いた作品は持ち帰ってよい。

【課題1】

□次の古典「孔子廟堂碑」を半紙に臨書せよ(半紙は縦に使用し，
　落款は「花子臨□」とすること)。

【課題2】
□次の古典「風信帖」を半紙に臨書せよ(半紙は縦に使用し，落款
　は「花子臨□」とすること)。

【課題3】

□次の古筆「粘葉本和漢朗詠集」を半紙に臨書せよ(落款は不要とする)。

(ゆきてみぬ人もしのべとはるの丶のかたみにつめるわかな丶りけり貫之)

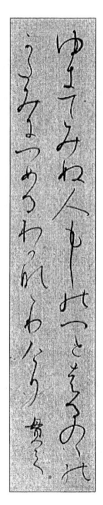

【課題4】

□次の古典「曹全碑」を半紙に臨書せよ(半紙は縦に使用し，落款
　は「花子臨□」とすること)。

【課題5】

□次に示す祝詞を，小筆を用いて楷書で体裁よく書け。

　祝　創立八十周年

　創立八十周年の御祝典，誠におめでとうございます。

　貴校の今後益々の御発展を心よりお祈りいたします。

　　平成二十四年　十月六日

　　　　　鹿児島県立秀英館高等学校

　　　　　　学校長　白坂虎雄

【課題6】

□次の句を，漢字仮名交じりの書として半切1/2に創作せよ。紙の使
　用は縦横自由とするが，漢字仮名の変換は認めない。落款は「蕪
　村の句　花子かく□」とする。

　　花いばら故郷の路に似たるかな　与謝蕪村

【課題7】

□次の①・②の中から1つを選び，半切に創作せよ。用紙の使用は
　縦横自由とする。あとの〈注〉をよく読んで書くこと。

① 花下忘帰因美景 樽前勧酒是春風 白居易
② 雲の峰風なき海を渡りけり 夏目漱石
〈注〉①は漢字作品。書体・行数は自由とし，新旧字体・書写体
の使用も自由とする。落款は「花子書□」とする。
②は仮名作品・行数は自由とし，漢字・仮名の変換，変体仮名
の使用も自由とする。落款は「花子かく□」とする。
※当日用意するもの…書道用具一式(半切用下敷，練習用画仙紙を
含む)

◆個人面接(2次試験) 試験官2～5人 総括面接10分 担当面接20分
※小学校全科の受験者に対しては，英語による簡単なスピーチ(自
己紹介等)も行う。
※評価の観点は次の表の通り。

	観　　点
1 指導性	(1) 適確な教育観や学校教育に対する課題をもち，教師としての自己を創造し発展させていく姿勢と能力が見られるか。 (課題解決・創造性) (2) 質問を的確にとらえる知性と能力をもち，それに対する考え方が公正・客観的で指導力や実践力が感じられるか。 (教養・実践力) (3) 自己の意見が他人によく理解されるよう表現を工夫し，説得力のある発言に努めているか。 (説得力)
2 社会性	(1) 自己について客観的に把握するとともに，望ましい対人行動や集団行動をとれるように努め，豊かな人間関係をもつよう努めているか。 (協調性) (2) 自己の主張や意見の根底に，自己をみつめ自己を確立しようとする人間性がうかがえ，自らよりよく生きようと努めているか。 (向上心) (3) 主張が独善的なものでなく，社会一般の良識や常識に合致し，社会の期待に応えようとする姿勢が見られるか。 (使命感)
3 論理性	(1) 冷静によく考えて意見を述べ，内容に一定の論理性と方向性があり思考に深まりが見られるか。 (熟慮・冷静) (2) 教職を希望する動機が明確であり，主張や意見が断片的な感想にとどまらず，一貫性と整合性があるか。 (指向性) (3) 視点が明確で，論理を体系化する能力が感じられるか。 (論理性)
4 態度	(1) 服装，言葉遣い，礼儀作法は望ましいか。 (マナー) (2) 教職への積極性，意欲，情熱が感じられるか。 (意欲・積極性) (3) 落ち着いていて自信をもち，溌溂とした言動をとれるか。 (情緒)
5 その他	面接委員が独自に評価する観点

◆グループ討議(2次試験) 試験官4人 受験生3～5人 構想時間5分 討議時間35分

　　※控室でグループ討議カードを渡され，5分で構想を練る。メモをとってもよいが，グループメンバーと話し合ってはいけない。

　　※グループ討議カードを持って，会場に入室。受験番号を述べて，着席する。大まかなレイアウトは次の通り。

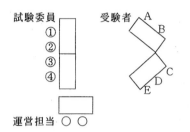

試験委員　　　　受験者

①　②　③　④

※グループの人数が
　　3人の場合は，A～Cの席
　　4人の場合は，A～Dの席
　　5人の場合は，A～Eの席

運営担当 ○ ○

　　※討議の間，試験官は質問をしないが，討議終了後，進捗度合いに応じて試験官から質問される場合がある。

▼小学校全科・中学校共通

【テーマ】

□社会人として大切にしたいと考えていることはどんなことですか。

□いじめのない学級や学校づくりのために，学校，家庭，地域は，それぞれ，どのような取組が必要だと考えますか。

□日本の伝統や文化の素晴らしさを子どもたちへ伝えるために，学校でどのような体験活動をさせてみたいと考えますか。

□農林水産省によると日本の食料自給率は39％(平成23年度)と発表されています。これからの日本の食料生産は，どのようにあるべきだと考えますか。

□将来，国際社会で活躍できる子どもを育てるためには，どんな力を身に付けさせるべきだと考えますか。

□社会全体の規範意識の低下が問題となっています。このことにつ

いて，どのような取組が必要だと考えますか。

□子どもたちの外で遊ぶ経験が，少なくなっていると言われています。このことは子どもたちにどのような影響を及ぼしていると考えますか。

□ロンドンオリンピックでは，多くの日本人選手が活躍しました。これからも優秀なスポーツ選手を育成するためには，どのようなことが必要だと考えますか。

□家庭内での子どもに対する暴力等が社会問題化しています。子どもたちを守るために，どのような取組が必要だと考えますか。

□東日本大震災の被災地では，多方面から多くの方が集まり，ボランティア活動を行っていました。これからの子どもたちにボランティア精神を育むためには，どのような取組が必要だと考えますか。

▼高等学校

【テーマ】

□平成21年5月から裁判員制度が導入されています。この制度についてどう考えますか。

□現在の都道府県より高い地方自治権を与えようとする道州制の導入についてどのように考えますか。

□スマートフォンが普及していく中で，ツイッター，フェイスブック，ブログなどを利用する若者が増えてきています。このことについてどう考えますか。それぞれの長所・短所も含めて討議してください。

□携帯電話のメール機能の普及によって，若者のコミュニケーション力は向上したといえるのかどうか，討議してください。

□15歳未満の子どもの脳死からの臓器の提供は，平成22年に施行された改正臓器移植法で，本人に拒否の意思がなければ，家族の承諾によって，認められるようになりました。子どもからの臓器の提供についてどのように考えますか。

□児童虐待に関する事件があとを絶ちません。児童虐待を防ぐために
　どのような取組が必要だと考えますか。

□大学への秋入学が議論されているが，海外諸国に合わせて秋入学
　とするのがよいのか，それとも，これまでどおり春入学がよいの
　か。それぞれの長所・短所も含めて討議してください。

□電力不足のため，節電への協力が呼びかけられていますが，化石
　燃料などの資源が乏しい日本で，どのような取り組みが必要だと
　考えられますか。

□現在，規格・標準化された食品が大量生産されていますが，一方
　では，その土地や風土にあった食材についても見直されてきてい
　ます。それぞれの良さをふまえ，現代の食文化についてどのよう
　に考えますか。

□東京オリンピックの2020年の開催について，立候補している都市
　の中でも市民の関心の低さが指摘されています。東京でオリンピ
　ックを開催すべきかどうか，討議してください。

□少子高齢化にともなう現状を分析し，具体的な課題を一つ挙げ，
　その対応策について討議してください。

□学校においてもボランティア活動が盛んに行われていますが，児
　童生徒のボランティア活動を教育活動の中に取り入れることにつ
　いて，ボランティアは強制してやらせるものではないという意見
　もあります。このことについてどのように考えますか。

※評価の観点は次表の通り。

1	リーダー性	○ 討議のきっかけや流れをつくることができるか。
		○ 異なる意見の調整ができるか。
		○ 横道にそれた議論を正しく修正することができるか。
2	論理性	○ 視点が明確で，発言がわかりやすいか。
		○ 発言に一貫性と整合性はあるか。
		○ 課題について正しい知識や情報を踏まえ，発言しているか。
3	協調性	○ 全員で結論を出そうとする態度が見られるか。
		○ 他人への適切な気配りを行っているか。
		○ 感情的にならずに議論できるか。
4	コミュニケーション能力	○ 自己の意見が他人によく理解されるよう表現を工夫しているか。
		○ 他人の立場や考え方に傾聴しているか。
		○ グループ内の討議の方向性や情報を共有しているか。
5	態度・意欲	○ 服装，言葉遣いは望ましいか。
		○ 表情は豊かであるか。
		○ 積極性，意欲，情熱が感じられるか。

◆実技試験(2次試験)

▼小学校全科

【体育実技1】

□水泳(25m)

同じ泳法で25mをスムーズに泳ぐ。

〈評価基準〉

・同じ泳法で25mを手足の調和のとれた動きで，スムーズに泳ぐことができる…7点

・同じ泳法で25mを泳ぐことができる…5点

・同じ泳法ではないが，何とか25mを泳ぐことができる…3点

・25mを泳ぐことができない…1点

※25mを1回練習することができる。

【体育実技2】

□器械運動

一連の動作を連続して正確に行う。

〈評価基準〉

・個々の動作が連続して，よどみなく正確にできる…7点

・連続しているが，個々の動作に正確さを欠く…5点

・動作が不正確である…3点

・個々の動作ができない…1点

※練習は2回行うことができる。

【体育実技3】

□体操

　ラジオ体操第1の一連の動作を正確に，ダイナミックに調子よく行う。

〈評価基準〉

・一連の動作が正確で，ダイナミックに調子よくできる…6点

・一連の動作が正確にできるが，ダイナミックさに欠ける…4点

・正確さと，ダイナミックさに欠ける…2点

・個々の動作が不正確でぎこちない…1点

▼中学家庭

【課題】

□試験用布に次の1～6を行い，指示どおり完成させなさい。(ただし，図はでき上がりを示したものではないので，参考とすること。また，1～6を行う順は自由でよい。)

1. ポケットつけ

　・試験用布(エ)のポケット口を三つ折り縫いにする。

　・試験用布(エ)を所定の場所に縫いつける。

2. まつり縫い

　・試験用布(ア)の所定の場所にまつり縫いをする。

3. 千鳥がけ

　・試験用布(ア)の所定の場所に千鳥がけをする。

4. ボタンつけ

　・試験用布(エ)の所定の場所にボタンをつける(糸足をつける)。

5. 試験用布(ア)と(イ)，(イ)と(ウ)の縫い合わせと縫いしろのしまつ

　・試験用布(ア)と(イ)，(イ)と(ウ)を所定の場所で縫い合わせ，

縫いしろのしまつをする。

6. そでつけ

　・試験用布(オ)のそでをつける。

　・そで下からわきの合いじるしまで続けて縫う。

　・そで口のしまつは，三つ折りして端ミシンをかける。

図　（試験用布）

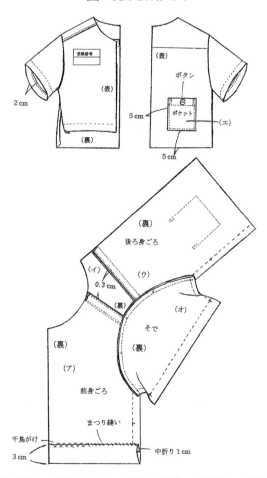

※実施時間は40分間とする。事前に準備の時間を10分間，事後に仕

229

上げ・後始末(アイロン仕上げを含まない)の時間を10分間とする。

※評価の観点は①基本的な被服作品等の製作を指導する際の，知識
と技術力が身に付いているか，②指示どおりの場所に指示どおり
の縫い方ができているか，③全体のできばえがよいか，④材料，
用具を適切に扱えるか，である。

▼高校家庭

□試験用布に次の1～9を行い，指示どおり完成させなさい。(ただ
し，図はでき上がりを示したものではないので，参考とすること。
また，2～9を行う順は自由でよい。)

1. ポケットの裁断

　・試験用布(エ)を裁断する。

※開始直後5分間で行う。時間内に1が終わった場合は，2以下を進
めて構わない。

※時間内に1が終わらなかった場合は，「1を継続」，または，「2以下
に進む」のいずれでも構わない。

2. ポケットつけ

　・試験用布(エ)のポケット口を三つ折り縫いにする。

　・試験用布(エ)を所定の場所に縫いつける。

3. まつり縫い

　・試験用布(ア)の所定の場所にまつり縫いをする。

4. 千鳥がけ

　・試験用布(ア)の所定の場所に千鳥がけをする。

5. 三つ折りぐけ

　・試験用布(ウ)の所定の場所に三つ折りぐけをする。

6. ボタンつけ

　・試験用布(エ)の所定の場所にボタンをつける(糸足をつける)。

7. ダーツ縫い

　・試験用布(ア)のダーツを縫う。

　・しまつは片倒しとする。

8. 試験用布(ア)と(イ),(イ)と(ウ)の縫い合わせと縫いしろのしまつ
   ・試験用布(ア)と(イ),(イ)と(ウ)を所定の場所で縫い合わせ,縫いしろのしまつをする。
9. そでつけ
   ・試験用布(オ)のそでをつける。
   ・そで下からわきの合いじるしまで続けて縫う。
   ・そで口のしまつは,三つ折りして端ミシンをかける。

図 (試験用布)

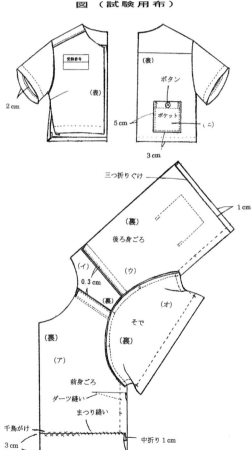

※実施時間は60分間とする。事前に準備の時間を10分間，事後に仕
　上げ・後始末(アイロン仕上げを含まない)の時間を10分間とする。
※評価の観点は，①日常着等の被服作品の製作を指導する際の，知
　識と技術力が身に付いているか，②指示どおりの場所に指示どお
　りの縫い方ができているか，③全体のできばえがよいか，④材料，
　用具を適切に扱えるか，である。

2012年度　面接実施問題

◆実技(1次試験)

▼中学英語

【課題】

□個人面接(3つのことわざから1つ選び，そのことわざの教訓について英語で1分間で説明する)

① It is no use crying over spilt milk.

② Rome was not built in a day.

③ Where there is a will , there is a way.

▼高校英語

【課題】

□グループ面接(テーマについて模擬ディベートを行う)

テーマ：All English classes should be conducted in English.

▼中高美術　90分

【課題1】

□卓上に次の物がモチーフとして構成された状態を想定し，鉛筆で写実的に描きなさい。

○ワイングラス

○レンガ

○りんご

○水色の紙テープ

○白布(30cm×30cm)

【課題2】

□「桜中学校」で保護者に学校生活の様子を知らせるために学校新聞を作成することになり，そのタイトル部分をデザインすること

になった。以下の条件で枠内にデザインしなさい。

※条件

　　○タイトルは「桜新聞」,「桜だより」,「さくら」,「SAKURA」か
　　　ら, いずれかの文字を選択してデザインする。

　　○彩色は, 水彩絵の具を用いることとする。

　　○タイトルは, 以下の新聞の部分にデザインするものとする。

◆個人面接(2次試験)

　　面接官5人(総括面接)・面接官2人(担当面接)　受験者1人　総括面接
　　10分・担当面接20分

　　※個人面接は, 担当面接と総括面接がある。小学校受験者は, 総括
　　　面接の冒頭で, 英語による簡単なスピーチ(自己紹介等)も行う。

◆実技(2次試験)

　▼小学校全科

　　(体育)

　　【課題】

　　□水泳：同じ泳法で25mをスムーズに泳ぐ

　　□体操：一連の動作を正確かつダイナミックに調子よく行う

□器械運動：一連の動作を，連続して正確に行う

▼中学家庭　40分

(被服)

【課題】

□試験用布に次の1～7を行い，指示どおり完成させなさい。(ただ
し，図はでき上がりを示したものではないので，参考とすること。
また，1～7を行う順は自由でよい。)

1　試験用布(ア)(イ)の縫い合わせと縫いしろの始末

・試験用布(ア)(イ)を所定の場所で縫い合わせ，縫いしろの始末
をする。

2　カーブの始末

・試験用布(ア)(イ)の所定の場所を三つ折りにし，ミシン縫いを
する。

3　ポケットつけ

・ポケット口を三つ折り縫いにする。

・試験用布(ア)の所定の場所に縫いつける。

4　なみ縫い

・試験用布(ア)の所定の場所になみ縫いをする。

5　まつり縫い

・試験用布(ア)の所定の場所にまつり縫いをする。

6　しつけ(一目落とし)

・試験用布(イ)の三つ折り部分にしつけ(一目落とし)をかける。

7　スナップつけ

・試験用布(ア)(イ)の所定の場所にスナップをつける。

図(試験用布)

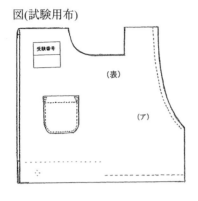

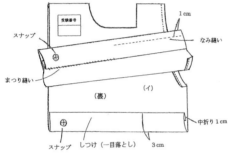

▼高校家庭　60分

【課題】

□試験用布に次の1〜6を行い，指示どおり完成させなさい。(ただ
し，図はでき上がりを示したものではないので，参考とすること。
また，2〜6を行う順は自由でよい。)

試験用布A

1　なみ縫い，耳ぐけ

・なみ縫いは，針目間隔0.3〜0.4cm。

・耳ぐけは，針目間隔2.0cm。耳ぐけを行う際は，かけはり，く
　け台を使用すること。

・開始直後5分間で行う。時間内に1が終わった場合は，2以下を

進めて構わない。

・時間内に1が終わらなかった場合は，「1を継続」，または，「2以下に進む」のいずれでも構わない。

試験用布B

2　肩縫い

・試験用布(ア)と(イ)，(イ)と(ウ)を合わせ，所定の位置をミシン縫いする。

・右肩縫いは，折り伏せ縫い。前に倒し，出来上がり幅は1cm。

・左肩縫いは，二度縫い。前に片返し。

3　えりつくり

4　えりつけ

5　えりぐりの始末

・バイアステープを用いて，えりぐりの始末をする。

・バイアステープの仕上がり幅は，0.7〜0.8cmとし，まつり縫いとする。

・前見返し端(右)を千鳥がけでとめる。

6　スナップつけ

・所定の場所にスナップをつける。

図(試験用布A)

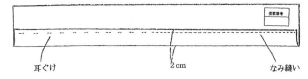

耳ぐけ　　　　　　2cm　　　　　　なみ縫い

図(試験用布B)

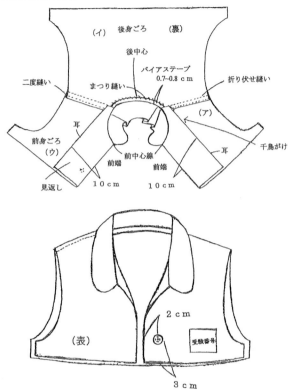

◆グループ討議(2次試験)　面接官4人　受験者3～5人　35分

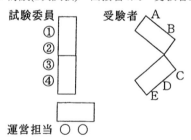

※控室でグループ討議カードを渡されて，内容について5分間構想を練る。グループ内で話し合いは不可。メモは可。
　・試験室に入室後，係員の指示があったら討議を始める。討議終了まで，試験委員から指示は一切出されない。グループのメンバーのみで討議を進めていく。

▼小学校全科
【課題】
□児童から「先生の授業はテストに役立ちません。もっとテストに向けた授業をしてください。」と要望されました。どのような指導を行えばよいでしょうか。

□担任している児童から「いじめられるので，学校に行きたくない。」と訴えがありました。どのような指導を行えばよいでしょうか。

□クラス内で，服装や言葉遣い等の乱れた児童が目立つようになってきました。どのような指導を行えばよいでしょうか。

□宿題やレポートをなかなか提出しない児童がいます。どのような指導を行えばよいでしょうか。

□クラスで進路に関するアンケート調査を実施したところ，「自分の将来の進路目標が見つからない。」，「将来，何をすればいいのか分からない。」という回答が多く見られました。どのような指導を行えばよいでしょうか。

□外部指導者が「スポーツ少年団は，勝たないと意味がない。」と主張しています。どのように対応すればよいでしょうか。

□保護者から「スポーツ少年団をしているから成績が下がった。スポーツ少年団をやめさせて，学習塾に行かせたい。」との相談を受けた場合，どのように対応すればよいでしょうか。

□「防犯等の観点から，子どもに携帯電話を持たせたい。」という保護者の意見が聞かれるようになってきました。どのように対応すればよいでしょうか。

□放課後，校区内の住民から「公園で児童数人が喫煙している。」

との通報がありました。この児童たちに対して，どのような指導を行えばよいでしょうか。

□授業中に落ち着きがなく席を立ったり，隣に話しかけたりする児童A君に対して，「A君がいるから勉強に集中できない。」という声が出てきました。どのような指導を行えばよいでしょうか。

□学級の中に何事に対しても自己中心的な言動が目立ち，友達の行動に対しても無関心な児童が見られるようになってきました。どのような指導を行えばよいでしょうか。

□クラス内で，朝食を摂らずに登校する児童が増えてきました。どのように対応すればよいでしょうか。

▼中学校

【課題】

□生徒から「先生の授業は受験に役立ちません。もっと受験に向けた授業をしてください。」と要望されました。どのような指導を行えばよいでしょうか。

□担任している生徒から「いじめられるので，学校に行きたくない。」と訴えがありました。どのような指導を行えばよいでしょうか。

□クラス内で，服装や言葉遣い等の乱れた生徒が目立つようになってきました。どのような指導を行えばよいでしょうか。

□宿題やレポートをなかなか提出しない生徒がいます。どのような指導を行えばよいでしょうか。

□クラスで進路に関するアンケート調査を実施したところ，「自分の将来の進路目標が見つからない。」，「将来，何をすればいいのか分からない。」という回答が多く見られました。どのような指導を行えばよいでしょうか。

□外部指導者が「部活動は，勝たないと意味がない。」と主張しています。どのように対応すればよいでしょうか。

□保護者から「部活動をしているから成績が下がった。部活動をやめさせて，学習塾に行かせたい。」との相談を受けた場合，どの

ように対応すればよいでしょうか。

□「防犯等の観点から，子どもに携帯電話を持たせたい。」という保護者の意見が聞かれるようになってきました。どのように対応すればよいでしょうか。

□放課後，校区内の住民から「公園で生徒数人が喫煙している。」との通報がありました。この生徒たちに対して，どのような指導を行えばよいでしょうか。

□授業中に落ち着きがなく席を立ったり，隣に話しかけたりする生徒A君に対して，「A君がいるから勉強に集中できない。」という声が出てきました。どのような指導を行えばよいでしょうか。

□学級の中に何事に対しても自己中心的な言動が目立ち，友達の行動に対しても無関心な生徒が見られるようになってきました。どのような指導を行えばよいでしょうか。

□クラス内で，朝食を摂らずに登校する生徒が増えてきました。どのように対応すればよいでしょうか。

▼高等学校

【課題】

□高校1年生で職場体験学習を実施することになりました。生徒に企画から実際の職場体験学習までを実施させる場合，担任として適切な指導とはどのようなものでしょうか。

□保護者から，部活動をやめて受験勉強に専念しなさいと言われ，受験勉強もしなければならないのは自覚しているが，部活動も辞めたくはないと悩んでいる高校2年の生徒と，その保護者に対する適切な指導とはどのようなものでしょうか。

□あなたが担当する学年(2学年)で，2学期になって服装容儀違反の生徒が目立つようになってきました。生徒指導部からも「生活指導を徹底してもらいたい」との要請があります。具体策を提案してください。

□「各教科から休日に課される宿題やレポートが多すぎて，土日だ

けでは終わらない。提出しないと各教科の先生たちから指導を受けるので，学校に行きたくない。」という悩みを抱えている生徒が多数います。この場合の適切な対応・指導とはどのようなものでしょうか。

□高校1年生の1学期に，「将来の目標もないし，学校に来る意味も分からない。」と言って，学校を辞めたがっている生徒がいます。担任としての適切な指導とはどのようなものでしょうか。

□学校活性化のために，部活動の入部率を上げたいのですが，部活動に入部すると経済的な負担が大きいとか，自分の自由な時間がなくなるという理由で入部しない生徒も多い中，どのようにして，入部率を上げればよいでしょうか。

□郷土教育を推進するために，総合的な学習の時間の中で新たな学習活動を行うことにしました。郷土かごしまの豊かな自然，文化，伝統，歴史，産業などを生かした学習活動を提案してください。

□清掃活動に遅れてくる生徒や，清掃時間中おしゃべりばかりしている生徒が多い中，清掃活動に積極的に取り組ませるための具体策を提案してください。

□地域に愛される学校を作るために，これまでどこの学校でも取り組んでいないような活動をしたいと思います。具体的なアイディアを3つ提案してください。

□あなたが担任するクラスの生徒たちは，全体的にはおとなしいが，学習に対してほとんど興味・関心を示さず，授業中はただ席についているだけという生徒が大半です。この生徒たちの意識を学習に向けさせるためにはどうすればよいでしょうか。

□最近，高校生の自己肯定感が下がっていると言われます。そこで，生徒に自信を持たせる取組をしたいと考えます。具体策を提案してください。

□これまで学校行事は，担当教員が中心となって企画・運営を行ってきましたが，生徒に主体的に考え行動できる力を備えさせるためにも，生徒会が中心となって企画・運営すべきだという意見が

出てきました。生徒会が主体的，積極的に活動できるようにするための具体策を提案してください。

▼養護教諭

【課題】

□最近になって，学校で不登校生や遅刻者が増え，児童(生徒)たちの噂では，昼食時や放課後にトイレなどでいじめが行われているようです。あなたたたちはこの状況を前にしてどのような対策を講じますか。

□保護者から，新入生の児童(生徒)が，学校に馴染めず，欠席がちであるという相談を受けた場合，どのような対策を講じますか。

2011年度　面接実施問題

◆模擬授業(2次試験)　試験官4人　受験者1人　11分(1分程度の評価表記入時間含む)

▼中学，高校

～模擬授業の流れ～

①授業開始15分前になったら控室の机につき，「指示カード」を受け取る。授業の準備をする。

②時間(1分前)になったら「指示カード」を持ち，入室する。

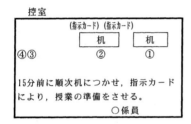 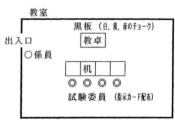

③受験校種・受験番号・氏名・授業のテーマを言う。

④係員の「どうぞはじめてください」の合図で開始。

⑤5分経過後，生徒役の試験官が挙手して質問をする。それより前に早く終わったら，「終わりました」と伝え，試験官の質問に答える。

⑥7分30秒が経過した時点で短鈴を鳴らされる。

⑦8分間で終鈴を鳴らされ終了となる。

⑧模擬授業を振り返って2分間の質疑応答を行う。

⑨「指示カード」を係員に返却，退室する。

※小学校受験者ははじめの1分以内で，オルガン演奏・歌唱の音楽実技を行う。残り7分間程度で模擬授業を行う。

指 示 カ ー ド	小 学 校	8月26日 (午前)・午後

次のいずれか一つを選んで授業をしなさい。

1 （1年 国語）
　次の資料を使って，日付けの漢字を読んだり，正しく書いたりすることができるように指導しなさい。
〔参考〕

二十日（はつか）
十日（とおか）
九日（ここのか）
八日（ようか）
七日（なのか）
五日（いつか）
四日（よっか）
三日（みっか）
二日（ふつか）
一日（ついたち）

日づけの
よびかた

（掲示資料あり）

2 （5年 理科）
　次の道具の中から，一つ選んで，てこのはたらきがどのように使われているか，指導しなさい。
〔参考〕
・ てこ・・・　ぼうのある1点をささえにして，ぼうの一部に力を加え，ものを動かしたり仕事をしたりするもの
・ 支点・・・　てこをささえる位置
・ 力点・・・　力を加える位置
・ 作用点・・　仕事をする位置

ペンチ　　　　　　せんぬき　　　　　枝きりばさみ

（掲示資料あり）

（模擬授業の際，教室に持参すること。）

・小・中・高校受験者は模擬授業を受験する。養護教諭，栄養教諭等は集団面接となる。

◆個人面接(2次試験)　試験官2人　受験者1人　担当面接20分　総括面接10分

※全校種の受験者が受験対象となる。

・小学校受験者は，総括面接の冒頭で英語による簡単なスピーチ(自己紹介等)を行う。

◆集団面接(2次試験)　試験官4人　受験者8人　60分

　▼養護教諭

【テーマ】

□保健室を訪れた生徒が，「授業を受けたくない」と訴えてきました。養護教諭としてどのように対応すべきですか。

□学校での「食育」について，養護教諭としての専門性を生かし，どのような職務を行うべきですか。

□頻繁に保健室を訪れる児童・生徒の訴えの理由の例と，それに対してどのように対応すべきですか。

□児童・生徒の不登校対策とはどのようであるべきですか。また，養護教諭としてどのような立場で臨むべきですか。

　▼栄養教諭

□食に関する指導に係る全体計画を踏まえた効果的な指導を進めるために，学校においては，どのようなことに留意することが必要ですか。

□学校給食を食育の推進のための「生きた教材」として活用するためには，学校給食の献立に，どのような工夫が必要ですか。

◆実技試験(2次試験)

　▼小学校全科(体育)

□水泳・体操・器械運動

▼中高家庭　実施時間40分

□手縫い・ミシン縫い・アイロンなどの扱い

試験用布に1〜8を行い，図のとおり完成させなさい。

図 （ 試 験 用 布 ）

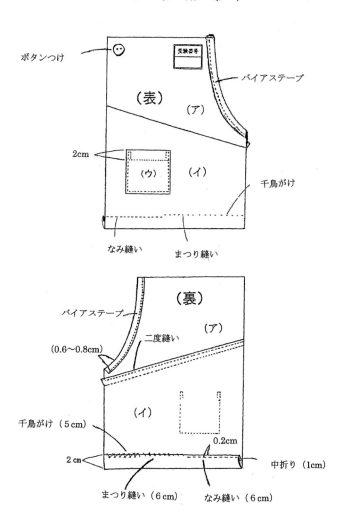

(ただし，2〜8を行う順は自由でよい。)

1　ポケットの裁断

・試験用布(ウ)を裁断する。

　※開始直後5分間で行う。時間内に1が終わった場合は，2以下を進めて構わない。

　※時間内に1が終わらなかった場合は，「1を継続」，または，「2以下に進む」のいずれでも構わない。

2　試験用布(ア)(イ)の縫い合わせと縫いしろの始末

・試験用布(ア)(イ)を所定の場所で縫い合わせ，縫いしろの始末をする。

3　ポケットつけ

・試験用布(ウ)のポケット口を三つ折り縫いにする。

・試験用布(ウ)を所定の場所に縫いつける。

4　なみ縫い

・試験用布(イ)の所定の場所になみ縫いをする。

5　まつり縫い

・試験用布(イ)の所定の場所にまつり縫いをする。

6　千鳥がけ

・試験用布(イ)の所定の場所に千鳥がけをする。

7　ボタンつけ

・試験用布(ア)の所定の場所にボタンをつける(糸あしをつける)。

8　カーブの始末

・試験用布(ア)の裏からバイアステープをつけ，ミシンをかける。

・バイアステープのできあがり幅をそろえ，表から押さえのステッチをかける。

※事前に準備の時間を10分間，事後に仕上げ・後始末(アイロン仕上げを含まない)の時間を10分間とする。

2010年度　面接実施問題

◆集団面接(1次試験)　面接官2人　受験生7人　30分
　▼中学英語
・あなたが学級担任になった時，どのような学級にしたいですか。
・生きる力とは何ですか。
・教員免許更新制が開始された目的は何ですか。
・保護者から「なぜ私の子供だけ叱るのですか。」と苦情が来た時，どのように対処しますか。
・鹿児島県の教育の特色は何ですか。
・大学，短大時代に勉強したことで最も印象に残っているのは何ですか。
・学生時代に出会った先生で最も心に残っているのはどのような先生でしたか。

◆実技試験(1次試験)
　▼中学英語
　テーマにそって1対1で英語を話して討論を行う。討論の時間は約5～6分。どちらの立場で意見を述べるかは最初にクジ引きで決められる。試験官は1名。
　テーマ「買い物はお店へ足を運んで買った方が良いか，それともインターネットを通して買った方が良いか。」

◆集団面接試験実施概要(1次試験)

1　目的

　　教員としての適性及び人間性等をとらえ，1次試験合否の総合的
　な判断資料とする。

2　方法

(1)　対象は全受験生とする。

(2)　一班8人を上限とする集団面接とする。

(3)　面接は集団面接。を松陽高校で，集団面接「を鶴丸高校，甲南
　　高校，鹿児島中央高校で並行して実施する。

(4)　一班当たりの面接時間は，評価の時間を含め30分とする。

(5)　面接及び評価は2人の面接委員によって行う。

3　評価の観点及び基準

(1)　観点

　　ア　積極性

　　　○率先してやろうとする意欲があるか。

　　　○意見や考えを進んで述べているか。

　　　○明るく覇気があるか。

　　イ　表現力

　　　○分かりやすく簡潔に話すことができるか。

　　　○質問に対して的確に答えているか。

　　　○話の筋道が通っているか。

　　ウ　態度

　　　○服装や身だしなみが教師としてふさわしいか。

　　　○表情が豊かで動作がはっきりとしているか。

　　　○落ち着いて応答や行動ができているか。

　　エ　その他

(2) 評価・基準

100点満点とし，5点間隔の採点を行い，「評点」の欄に記入する。

ア　大変優れている(100点，95点，90点，85点)

イ　優れている(80点，75点，70点，65点)

ウ　ふつう(60点，55点，50点，45点)

エ　適性にやや欠ける(40点，35点，30点，25点)

オ　適性に欠ける(20点，15点，10点，5点)

※集団面接評価票

第　　　　面接室　　　　　　班			
受験者	受験番号	評点	所　　見
①			
②			
③			
④			
⑤			
⑥			
⑦			
⑧			

(1)　評価の観点

積　極　性	○　率先してやろうとする意欲があるか。
	○　意見や考えを進んで述べているか。
	○　明るく覇気があるか。
表　現　力	○　わかりやすく簡潔に話すことができるか。
	○　質問に対して的確に答えているか。
	○　話の筋道が通っているか。
態　　度	○　服装や身だしなみが教師としてふさわしいか。
	○　表情が豊かで動作がきりっとしているか。
	○　落ち着いて応答や行動ができているか。

(2)　評価・基準　　100点満点

・　大変優れている　(100点，95点，90点，85点)
・　優れている　　　(　80点，75点，70点，65点)
・　ふつう　　　　　(　60点，55点，50点，45点)
・　適性にやや欠ける(　40点，35点，30点，25点)
・　適性に欠ける　　(　20点，15点，10点，　5点)

※　所見欄には気付いた特徴を記入してください。
　　(特に，適性に欠ける等の具体的な言動，特徴等)

◆集団面接(1次試験)　面接官2人　受験者8人　30分
- あなたのストレス解消法はどんなことですか。1分程度で答えなさい。(全員へ)
- 優秀な教師はどんな教師か。(挙手で3人まで)
- 今の子どもたちに足りないものとは何か。(挙手で3人まで)
- 保護者が，担任である自分に対して，授業や指導方針について不信感があると言ってきた場合どうするか。(挙手で3人まで)
- 保護者が，学校では授業が6時間もあって子どもが疲れるので，宿題は出さないでほしいと言ってきた場合どうするか。(挙手で3人まで)
- 担任をしている子どもを叱りました。その保護者がどうしてうちの子だけを叱るのかと言ってきた場合どうするか。
- ほめることと，叱ることの違いは何か。
- 教育に必要である一番重要なことは何か。
- 自分は運がいいと思うか，悪いと思うか。その理由も含めて簡潔に答えなさい。(全員へ)

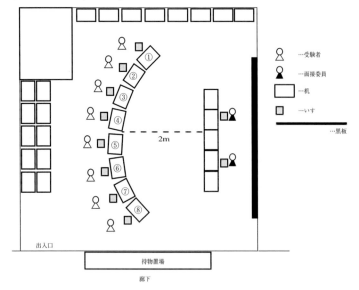

▼中学校英語(受験者8人，面接官2人，30分)
・大学時代に最も一生懸命取り組んだ研究内容は何ですか。
・鹿児島県に特徴のある教育は何ですか。
・子どもから「どうして勉強をしないといけないのですか。」と聞
　かれたらどう答えますか。
・子どもから「なぜ英語を学ばないといけないのですか。俺は将来
　外国に住む気はないから，英語を勉強する必要は無いと思う。」
　と聞かれたらどう答えますか。
・教育愛とは何ですか。
・保護者から「なぜウチの子だけ叱るのですか」と言われたらどう
　答えますか。
・板書をしている時，生徒から筆順が間違ってますよ。」と言われ
　たらどう答えますか。
　※実技試験 として，[中・高]英語：英語討論　面接官1人　受験
　　者2人　5分(賛成派・反対派にくじで分かれる)
・映画は映画館で見た方が良いか。それともDVDを借りて家で見た
　方が良いか。
・Which is letter, communicating by e-mail or by writing letters?

◆模擬授業(2次試験)　[小]面接官4人　25〜26分　①スピーチ2分　②オ
ルガン弾き歌い1分(小学校音楽科の教材から自由選択)　③模擬授業
(構想15分，実施6分，質疑応答2分)
[中・高]面接官4人　25分(構想15分，実施8分，質疑応答2分)
[養]は実施なし

2008年度　面接実施問題

◆集団面接

1　目的

　　教員としての適性及び人間性等をとらえ，一次試験合否の総合的な判断資料とする。

2　方法

　(1)　対象は全受験者とする。

　(2)　一班8人を上限とする集団面接とする。

　(3)　面接は集団面接Ⅰを松陽高校で，集団面接Ⅱを甲南高校，鹿児島中央高校，鹿児島南高校で並行して実施する。

　(4)　一班当たりの面接時間は，評価の時間を含めて30分とする。

　(5)　面接及び評価は2人の面接委員によって行う。

3　評価の観点及び基準

　ア　積極性

　　・率先してやろうとする意欲があるか。

　　・意見や考えを進んで述べているか。

　　・明るく覇気があるか。

　イ　表現力

　　・わかりやすく簡潔に話すことができるか。

　　・質問に対して的確に答えているか。

　　・話の筋道が通っているか。

　ウ　態度

　　・服装や身だしなみが教師としてふさわしいか。

　　・表情が豊かで動作がきりっとしているか。

　　・落ち着いて応答や行動ができているか。

　エ　その他

【1次/高校(英語)】(面接官2名　時間30分)

・今，どのような心境ですか。

・あなたのストレス解消法は何ですか。

・保護者から「先生の英語の授業はわからないそうです。」とクレームが来たとき，あなたならどうしますか。

・鹿児島県の教員であるからこそ，できることは何ですか。

・茶髪や化粧をしている生徒を注意した際，「先生だって茶髪や化粧をしているじゃないか。」と言われたら，どうしますか。

・普通の地方公務員と教育公務員との違いは何ですか。

・「私はこういう魅力があるから，是非採用してください。」とアピールしたい点をおっしゃってください。

・最後に言い残したことがあれば言ってください。

【2次/養護教諭】

①　健康観察表を回収したところ，1名「麻しん」による欠席者がいました。あなたは，どのように対応しますか。

②　中学校3年生で軽度発達障害の診断を受けている男子生徒がいます。2次障害がみられ，パニックをおこし暴れることがあります。今日も教室でパニックをおこしていると連絡が入りました。パニックをおこすと保健室にやってきます。あなたは，どのように対応しますか。(保健室にきた生徒に最初にかける言葉は?)

③　保健室登校をしている生徒が1名います。出張等で保健室を不在にするときに，どのような対応をしますか。

④　中学校3年生に色覚の生徒が在籍しています。担任から指導上の留意点を聞かれました。どのようなアドバイスをしますか。

2007年度　面接実施問題

◆集団面接／養護教諭

① 保健室に付き添いできていた生徒が出会い系サイトの話をしていました。聞いているとその中の1人は実際に利用しているようです。あなたはどのように対応しますか。

② 修学旅行中に腹痛・嘔吐の症状がある生徒が出ました。出発前の健康調査では，特に異常はありませんでした。あなたはどのように対応しますか。

③ 保健室にけがをした生徒がきました。けがをした状況を聞きましたが，あいまいなことしか言いません。あなたはどのように対応しますか。

④ 担任から「保護者から，保健室登校をさせてほしいとの相談があったので，保健室登校させてよいか。」と相談がありました。あなたはどのように対応しますか。

◆集団面接／実習助手・農業

① 実習中に，仲間はずれにされたり，仕事を無理に押しつけている生徒を見つけました。あなたは，その加害者や被害者にどのように対応しますか。また，他の教員との連携をどのように図りますか。

② 生徒があなたと一緒に授業を担当している教諭への不満を言ってきました。あなたはこの生徒にどのように対応しますか。

◆集団面接／実習助手・工業

① 最近の話題に，いわゆる「2007年問題」があります。特に工業教育が抱える課題の一つに高度技術継承の問題があります。あなたは，

この問題をどのように対応しますか。

② 　校内規定で携帯電話の持ち込みは禁止されているのに，実習中に生徒の中から着信音が聞こえました。あなたは，どのように対応しますか。

2005年度　面接実施問題

◆集団面接／小学校

(面接官2人，受験生8人，時間30分)

○保護者から「子どもがゲームしたりテレビを見てばかりいて困っている。何か指導して欲しい。」と言われたらどうするか(挙手)

○茶髪の先生がいることをどう思うか(挙手)

○21世紀を担う子ども達にどのような人になって欲しいか

◆個人面接／(総括面接)／2次

(面接官1人，時間8分)

○これまでの受験経験

○非常勤でどういうことをしているのか

○どんな授業を心掛けてきたか

○信用失墜行為について。鹿児島県の教員の不祥事について，最近どんな記事が載っていたか

○信用失墜行為をした人についてどう思うか

○最近の教育関係のニュースで興味のあることは

○女性教師の服装について。校長に服装や髪型を注意された時どうするか。何を根拠に校長の指示に従うのか(法律名)

◆個人面接／(担当者面接)／2次

○いつから教員になりたいと思ったか

○教職の魅力とは

○どんな教師になりたいか

○大学で近代文学を学んで良かったことは

○サークルでの役員について

○心身ともに健康か

○国語以外で何が指導可能か

○同僚が茶髪やパーマをしていたらどうするか

○体罰の指導について。(誘導尋問のような感じで)注意するより叩いた方が効果的ではないか。保護者に叩いてよいと言われてもたたかないのか

○離島や小規模校にも行けるか

○ストレスはためこむ方か?

○これまで言うことを聞かない生徒を指導したことはあるか

○信用失墜行為とはどんな行為か。したことはないか

○公務員の禁止事項について

◆パソコン実技／中学・国語

①画面上に設定された枠に，絵を拡大してのせる

②ファイルから指定された文書を開き，フォルダ内の問題に答える。文書の最後にキーワードがあり，それを解答欄に入力する

③エクセル。3行3列の表に指示された数字を入力し，合計値と平均値を求める

④インターネット。アドレスを入力し，ページを開く

⑤メール。メールを受信し，文章に書かれたアドレスをコピーし，解答欄に貼り付ける

2004年度　面接実施問題

◆集団面接

　▼校種不明

　〈実施方法〉

　受験者8名，面接官2名，約30分間

　〈質問内容〉

　○待っている間何を考えていたか

　○最近気になっているニュース

　○どんな教師になりたいか

　○開かれた学校とは

　○どんな教師が立派な教師だと思うか

◆集団面接

　▼校種不明

　〈実施方法〉

　受験者8名，面接官2名，約30分間

　〈質問内容〉

　○昨夜から今日の朝にかけてよく眠れましたか？

　○面接室に入るまでの間どんなことを考えていましたか？

　○あなたはどんな先生になりたいですか？　あなたの長所もふまえた
　　上でどのような先生になりたいか答えて下さい。

　○あなたが今まで生きてきた中で一番頑張ったと言えることは何です
　　か？

　○今「生きる力」を育てる教育が必要とされていますが，あなたは
　　「生きる力」とはどういうものだと考えていますか？　又あなたは
　　それをどういう風に指導したいですか？

○教師の学力(教え)不足が問題となっていますが，あなたはどういう
　教師がそう言われると思いますか？

▼養護
〈実施方法〉
受験者7名，面接官2名，約30分間
〈質問内容〉
○昨日はよく眠れましたか。また試験にあたり励ましの言葉をもらい
　ましたか。
○鹿児島の教育で他と比べて良い所はどこですか。
○養護教諭に必要なことを簡単に3つ答えなさい。
○学校教育の中で今最も関心があることは何ですか。

▼校種不明
〈実施方法〉
受験者8名，面接官2名，約30分間
〈質問内容〉
○受験番号・名前・自分の長所(全員)
○一生の中で一番がんばったこと，力を注いだこと(指名：「～番の方
　お願いします」)
○一生の中で一番悔しかったこと
○「わかる授業」とはどのようなものだと考えているか(全員)
○実際教師になったら自分の英語の実力をどうやって磨いていくか
○コミュニケーション能力を重視した英語をどのようにとらえている
　か(挙手)

▼校種不明〈実施方法〉
受験者8名，面接官2名，約30分間
すべて，考えがまとまった人から挙手により発表。

〈質問内容〉

○インターンシップとは？

○開かれた学校とは？

○高・大でがんばった事は？

○大の勉強でがんばった事は？

○簿記と情報どちらが大切か？

○社会・家庭・学校と分けた時，学校は何を教えるのか。

▼高校理科

〈実施方法〉

受験者8名，面接官2名，約30分間

面接官が質問し，それについて1人ひとり応える。

〈質問内容〉

○昨夜は眠れましたか？(受験番号を合わせて)

○理科離れについてor学ぶ(勉強する)ことを何故するのか？　生徒に
　質問されたら，どう応えるか。

○生徒が学校へ行きたくないと言ったら，どう対処しますか？(挙手し
　た順に)

○教師にとって必要なものは？

▼校種不明

〈実施方法〉

受験者8名，面接官2名，約30分間

〈質問内容〉

○待っている間，どんな事を考えていたか？

○最近，関心を持っていることは？

○自分が日頃，心がけていることは？

○開かれた学校とは？

○教育を行う上で大切なことは？

○すばらしい教師とは？

〈質問形式〉

はじめの2問は①番から，3問目は8番から順に答えさせ，残りは挙手
により返答。

所要時間は20〜25分ほど。

▼校種不明

〈実施方法〉

受験者8名，面接官2名，約30分間，自己PR　時間1分

〈質問内容〉

○自己PR

○学生時代に一番勉強した内容

○生徒になぜ勉強するのかと聞かれたら何と答えるか

○教育実習で学んだこと

▼中学英語

〈実施方法〉

受験者8名，面接官2名，約30分間

〈質問内容〉

○受験番号だけを言って，最近の印象に残っているニュース

○完全週5日制についてどう思うか

○なぜ勉強しないといけないのかと生徒に言われたらどうするか

○最後に言い残したことがあれば(練習してきたのに言えなくて)

▼養護

〈実施方法〉

受験者8名，面接官2名，約30分間

〈質問内容〉

○最近，気になるニュースを言え。

○保健室に頻繁に来る子への対応はどうすればよいか。

○不登校のタイプとその対処のしかたについて。①番〜⑧番順番に答

えさせる。

○最近の教育ではよく「生きる力」といわれますが，生きる力とはどんなことか。⑧番～①番の順番で答えさせる。

▼校種不明

〈実施方法〉

受験者6名，面接官2名，約30分間

〈質問内容〉

○受験番号，今日の起床時刻，会場までの交流手段

○今日の小学校に欠けているところ

○自己PR

○教員に1番必要なもの

○教育公務員と他の公務員との違い

▼校種不明

〈実施方法〉

受験者8名，面接官2名，約30分間

〈質問内容〉

○今まで頑張ってきた中で，周りの人から何と言ってもらったか？

○自分が養護教諭に適していると思うのは，どんなところか？

○今まで経験してきた中で，くやしかった，残念だったこと，そしてそこから得たことは何か？

○今の子どもたちの健康問題で，気になっていることは何か？

○健康を保つ，秘訣を一言で。

▼養護

〈実施方法〉

受験者7名，面接官2名，約30分間

〈質問内容〉

○養護教諭として一番大切なこと(求められること)は？

○児童生徒の健康課題は何か？
○上記について，あなたはどのように対応しますか？
○公務員と教員公務員の違いは？
○特技

▼小全
〈実施方法〉
受験者8名，面接官2名，約20分間
〈質問内容〉
○面接をまっている間にどのようなことを思いましたか。
○開かれた学校とはどういうことか。
○開かれた学校と不信者対策をどのようにすればいいか。
○教師として，どのようなことが大切か。
○信頼されるために，どのようなことが必要か。

▼校種不明
〈実施方法〉
受験者8名，面接官2名
〈質問内容〉
○今日のこの面接を待っている間，何を考えていたかを教えてください。(番号順に全員)
○今まで生きてきて，一番後悔していることは何か。またそれをどうやって乗り切ったか。(挙手)
○21世紀の子どもに託したいことは何か。(挙手)
○保護者から「うちの子どもはテレビを見る時間が長くて勉強をしない。どうすればよいか。」という相談を受けたら，どのように対応するか。(挙手)
○今一番心がけていることは何か。(番号順に全員)

◆実技試験

▼中高英語

〈実施方法〉

受験者1名，面接官1名，約4分間

①番号

②名前

③今の気分

④どうやってここまで来たか　こばなし

⑤外国へ行ったことはあるか

⑥その国について

⑦5枚の中から1枚カードをひいてその考えについて賛成・反対か

⑧その意見・考え・理由

カードをひいてから考える時間1分

自分の意見を表現する時間1分

カードの例(内容)：「The sea is better than the mountain as a recreation.」

全て英語で行われる

▼中高英語

英会話

○まずは日常会話「よくねむれたか」や「今日何でここまできたか」
　など，後は「外国に行ったことがあるかどうか」

○本題は試験官が説明をする。「今からひくくじで出た番号のトピッ
　クをみて1分で反対か賛成かを考えて，1分で話す」というもの。
　　私の場合は「Junior high school students don't have to wear the school
　uniform.」

2003年度　面接実施問題

◆個人面接
- ・志望動機
- ・教師とはどういう仕事か
- ・卒業論文のテーマは？
- ・離島に行けるか
- ・教員がしてはならないこと又それはどういう法律に書かれているか
- ・指導要領は見たか。どういう内容が書かれているか。
- ・私立中と公立中の違いは何だと思うか。
- ・部活の顧問は何ができるか。

◆集団面接・集団討論
- ・大学生活で勉強以外に力を入れたこと
- ・今の教育現場に欠けているものは何か。
- ・教師になりたいと思ったのはいつ頃か。またなぜ教師になろうと思ったのか。
- ・あなたがいつも心がけていることは？
- ・小学校から中学校までの先生の中でどの先生が一番印象に残っているか，1人だけ具体的にあげなさい
- ・授業以外で学んだことで，実際教師になった時に活かしていきたいと思うものは何か
- ・親から「子どもの成績が下がった」と言われ，「学校の方でしつけを全てして欲しい」と言われた時，あなたならどの様に親に対応しますか。
- ・地域や家庭との関わりが最近の学校には足りないと言われているが，あなたならどの様なことをして家庭や地域から信頼される教師

　　に努めるか，またどのような学校にするか・あなたが一番打ち込ん
　　だことは？
・自分が教員に向いていると思うところは？
・理科離れが進んでいるがどう思うか。
・趣味・特技
・教育問題で一番関心があること
・あなたは学校に早く来て，児童を迎え入れる教師でありたいですか，
　またその理由
・待ち時間はどう過ごしたか
・最近担任に保護者からの要求や要望が増えているが，対応に困った
　ときに誰に相談するか
・ワールドカップの感想
・国語の授業の導入で，生徒の関心のひかせ方
・自分の故郷の自慢できることは？
・生きる力とはどういうことか簡潔に述べよ
・今生活している中で一番大事にしていることは？
・教師になった時のあなたのセールスポイント
・一番関心を持っている教育問題は何ですか。
・TVゲームばかりする子どもの保護者から相談を受けました。どう指
　導するか
・茶髪をどう思うか
・最近の中学生がシャツをズボンから出していることについてどう考
　えるか
・中学生にメッセージを贈るとしたら何ですか。
・クラス担任として目標をかかげるとしたら，何にするか
・こんな素晴らしい高校生がいるという例を挙げてください
・高校生に将来どの様な人間になって欲しいと望みますか
・教育改革についてどう思うか
・健康診断は何月何日までに全て終了しなければならないか。またこ
　れは何に定められているか→学校保健施行規則第条「定期の健康診

断の実施期間は毎年6月30日まで」
・あなたのストレス解消法は？
・保健室とはどういう場所であるべきですか。
・保健室に生徒が集まってきたらどう対処するか
・保健室に居座り，授業にいかないという生徒にどう対処するか
・今中学生に欠けているものは何だと思いますか。
・なぜ，勉強をしないといけないのか？と聞かれたら生徒に何と言って答えるか。一言で述べよ
・市役所・県庁などの公務員と教育公務員の違いは？
・養教にとって一番大切なことは何か
・現在の子どもの健康課題は？
・保健室登校をするにあたって必要な事は？
・人から信頼されているか，どういうときに感じるか。信頼関係とはどういう風に築いていくか
・「グランドで部活をしていて，そっこうでけがをした」あなたはどのように対応するか・保健室の機能について述べよ
・学校衛生委員会とは何ですか
・たくましく生きるために，現代の子どもが必要な健康上の課題とは？
・気分不快で来室した子どもへの対応をどうするか
・保健指導を頼まれたらできるか

◆模擬授業
　▼英語
　※15分間，内容が書かれたカードを見せられ，自分で計画を立てる。
　　(2問中1問選択)
　　① 家系図が書いてあって，mother，father，sisterなどの単語も書かれてあり，これを使って授業をする
　　② 現在完了の疑問文　Have＋S＋PPの授業

　　授業は8分間。試験官4～5人。試験官を指名したりしてはいけない。
途中試験官が眠ったり，トイレに行ったり，携帯をかけたり，とじゃ
まをする。このときどう対処するかがポイントとなる。

＊命令と禁止の表現
Run! / Don't run.　　Walk! / Don't walk.

　　How much～？の表現(値段の示された本やCDなどを見ながら答え
る。)
How much is this?　It's 2500 yen.

　　それぞれ例文とイラストが示してあるピクチャーカードが準備され
ており，それを使う，使わないは自由。

第 3 部

面接試験対策

面接試験の概略

■■ 面接試験で何を評価するか────────

　近年，「人物重視」を掲げた教員採用候補者選考試験において，最も重視されているのが「面接試験」である。このことは，我が国の教育の在り方として，アクティブラーニングの実施，カリキュラム・マネジメントの確立，社会に開かれた教育課程の実現等，次々と新しい試みが始まっているため，学校教育の場においては，新しい人材を求めているからである。

　ところが，一方で，現在，学校教育においては，様々な課題を抱えていることも事実であり，その例として，いじめ，不登校，校内暴力，無気力，高校中退，薬物乱用などがあり，その対応としても，多くの人々による意見もあり，文部科学省をはじめとする教育行政機関や民間機関としてもフリースクールなどで対応しているが，的確な解決策とはなっていない状況にある。このことに関して，その根底には，家庭や地域の教育力の低下，人間関係の希薄化，子供の早熟化傾向，過度の学歴社会及び教員の力量低下等，正に，様々な要因が指摘されている。したがって，これらの問題は，学校のみならず，家庭を含めた地域社会全体で，対応しなければならない課題でもある。

　しかし，何といっても学校教育の場においては，教員一人一人の力量が期待され，現実に，ある程度までのことは，個々の教員の努力で解決できた例もあるのである。したがって，当面する課題に適切に対応でき，諸課題を解決しようとの情熱や能力が不可欠であり，それらは知識のみの試験では判断できかねるので，面接によることが重視されているのである。

①人物の総合的な評価

　面接試験の主たるねらいは，質問に対する応答の態度や表情及び言葉遣いなどから，教員としての適性を判定するとともに，応答の

内容から受験者に関する情報を得ようとすることにある。これは総合的な人物評価といわれている。

そのねらいを十分にわきまえることは当然として，次にあげることについても自覚しておくことが大切である。
○明確な意思表示
○予想される質問への対応
○自らの生活信条の明確化
○学習指導要領の理解
○明確な用語での表現

②応答の基本

面接試験では，面接官の質問に応答するが，その応答に際して，心得ておくべきことがある。よく技巧を凝らすことに腐心する受験者もいるようであるが，かえって，紋切り型になったり，理屈っぽくなったりして，面接官にはよい心象を与えないものである。そこで，このようなことを避けるため，少なくとも，次のことは意識しておくとよい。

○自分そのものの表現

これまで学習してきたことを，要領よく，しかも的確さを意識し過ぎ，理詰めで完全な答えを発しようとするよりも，学習や体験で得られた認識を，教職経験者は，経験者らしく，学生は，学生らしく，さっぱりと表現することをすすめる。このことは，応答内容の適切さということのみならず，教員としての適性に関しても，面接官によい印象を与えるものである。

○誠心誠意の発声

当然のことであるが，面接官と受験者とでは，その年齢差は大変に大きく，しかも，面接官の経歴も教職であるため，その経験の差は，正に雲泥の差といえるものである。したがって，無理して，大人びた態度や分別があることを強調するような態度をとることは好まれず，むしろ謙虚で，しかも若々しく，ひたむきに自らの人生を確かなものにしようとする態度での応答が，好感を持

たれるものである。

③性格や性向の判別

組織の一員としての教員は，それぞれの生き方に共通性が必要であり，しかも情緒が安定していなければならない。そのため，性格的にも片寄っていたり，物事にとらわれ過ぎたり，さらには，協調性がなかったり，自己顕示欲が強すぎたりする人物は敬遠されるものである。そこで，面接官は，このことに非常に気を遣い，より的確に査定しようとしているものなのである。

そのため，友人関係，人生観，実際の生き方，社会の見方，さらには自らに最も影響を与えた家庭教育の状況などに言及した発問もあるはずであるが，この生育歴を知ろうとすることは，受験者をよりよく理解したいためと受け取ることである。

④動機・意欲等の確認

教員採用候補者選考を受験しているのであるから，受験者は，当然，教職への情熱を有していると思われる。しかし，面接官は，そのことをあえて問うので，それだけに，意志を強固にしておくことである。

○認識の的確さ

教員という職に就こうとする意志の強さを口先だけではなく，次のようなことで確認しようとしているのである。

ア　教員の仕事をよく理解している。

イ　公務員としての服務規程を的確に把握している。

ウ　立派な教員像をしっかり捉えている。

少なくとも上の3つは，自問自答しておくことであり，法的根拠が必要なものもあるため，条文を確認しておくことである。

○決意の表明

教員になろうとの固い決意の表明である。したがって単に就職の機会があったとか，教員に対する憧れのみというのは問題外であり，教員としての重責を全うすることに対する情熱を，心の底から表現することである。

以上が，面接試験の最も基本的な目的であり，面接官はこれにそってさまざまな問題を用意することになるが，さらに次の諸点にも，面接官の観察の目が光っていることを忘れてはならない。

⑤質疑応答によって知識教養の程度を知る

筆記試験によって，すでに一応の知識教養は確認してあるわけだが，面接試験においてはさらに付加質問を次々と行うことができ，その応答過程と内容から，受験者の知識教養の程度をより正確に判断しようとする。

⑥言語能力や頭脳の回転の早さの観察

言語による応答のなかで，相手方の意思の理解，自分の意思の伝達のスピードと要領のよさなど，受験者の頭脳の回転の早さや言語表現の諸能力を観察する。

⑦思想・人生観などを知る

これも論文・作文試験等によって知ることは可能だが，面接試験によりさらに詳しく聞いていくことができる。

⑧協調性・指導性などの社会的性格を知る

前述した面接試験の種類のうち，グループ・ディスカッションなどはこれを知るために考え出されたもので，特に多数の児童・生徒を指導する教師という職業の場合，これらの資質を知ることは面接試験の大きな目的の1つとなる。

■■ **直前の準備対策**────────

以上からわかるように，面接試験はその人物そのものをあらゆる方向から評価判定しようとするものである。例えば，ある質問に対して答えられなかった場合，筆記試験では当然ゼロの評価となるが，面接試験では，勉強不足を素直に認め今後努力する姿勢をみせれば，ある程度の評価も得られる。だが，このような応答の姿勢も単なるポーズであれば，すぐに面接官に見破られてしまうし，かえってマイナスの評価ともなる。したがって，面接試験の準備については，筆記試験のように参考書を基礎にして短時間に修練というふうにはいかない。日

頃から，

> (1) 対話の技術・面接の技術を身につけること
> (2) 敬語の使い方・国語の常識を身につけること
> (3) 一般常識を身につけて人格を磨き上げること

が肝要だ。しかし，これらは一朝一夕では身につくものではないから，面接の際のチェックポイントだけ挙げておきたい。

(1) 対話の技術・面接の技術

　○対話の技術

　　①言うべきことを整理し，順序だてて述べる。

　　②自分の言っていることを卑下せず，自信に満ちた言い方をする。

　　③言葉に抑揚をつけ，活気に満ちた言い方をする。

　　④言葉の語尾まではっきり言う練習をする。

　　⑤短い話，長い話を言い分けられるようにする。

　○面接技術

　　①緊張して固くなりすぎない。

　　②相手の顔色をうかがったり，おどおどと視線をそらさない。

　　③相手の話の真意をとり違えない。

　　④相手の話を途中でさえぎらない。

　　⑤姿勢を正しくし，礼儀を守る。

(2) 敬語の使い方・国語常識の習得

　○敬語の使い方

　　①自分を指す言葉は「わたくし」を標準にし，「僕・俺・自分」など学生同士が通常用いる一人称は用いない。

　　②身内の者を指す場合は敬称を用いない。

　　③第三者に対しては「さん」を用い，「様・氏」という言い方はしない。

　　④「お」や「ご」の使い方に注意する。

　○国語常識の習得

　　①慣用語句の正しい用法。

②教育関係においてよく使用される言葉の習得

さて本題に入ろう。面接試験1カ月前程度を想定して述べれば，その主要な準備は次のようなことである。

○直前の準備

①受験都道府県の現状の研究

受験する都道府県の教育界の現状は言うに及ばず，政治・経済面についても研究しておきたい。その都道府県の教育方針や目標，進学率，入試体制，また学校数の増加減少に関わる過疎化の問題等，教育関係刊行物や新聞の地域面などによく目を通し，教育委員会に在職する人やすでに教職についている先生・知人の話をよく聞いて，十分に知識を得ておくことが望ましい。

②教育上の諸問題に関する知識・データの整理

面接試験において，この分野からの質問が多くなされることは周知の事実である。したがって直前には再度，最近話題になった教育上の諸問題についての基礎知識や資料を整理・分析して，質問にしっかりとした応答ができるようにしておかなければならない。

③時事常識の習得と整理

面接試験における時事常識に関する質問は，面接日前2カ月間ぐらいのできごとが中心となることが多い。したがって，この間の新聞・雑誌は精読し，時事問題についての常識的な知識をよく修得し整理しておくことが，大切な準備の1つといえよう。

○応答のマナー

面接試験における動作は歩行と着席にすぎないのだから，注意点はそれほど多いわけではない。要は，きちんとした姿勢を持続し，日常の動作に現れるくせを極力出さないようにすることである。最後に面接試験における応答態度の注意点をまとめておこう。

①歩くときは，背すじをまっすぐ伸ばしあごを引く。かかとを引きずったり，背中を丸めて歩かないこと。

②椅子に座るときは深めに腰かけ，背もたれに寄りかかったりしない。女子は両ひざをきちんと合わせ，手を組んでひざの上に乗せる。男子もひざを開けすぎると傲慢な印象を与えるので，窮屈さを感じさせない程度にひざを閉じ，手を軽く握ってひざの上に乗せる。もちろん，背すじを伸ばし，あごを出さないようにする。

③上目づかいや横目，流し目などは慎しみ，視線を一定させる。きょろきょろしたり相手をにらみつけるようにするのも良い印象を与えない。

④舌を出す，頭をかく，肩をすくめる，貧乏ゆすりをするなどの日頃のくせを出さないように注意する。これらのくせは事前にチェックし，矯正しておくことが望ましい。

　以上が面接試験の際の注意点であるが，受験者の動作は入室の瞬間から退室して受験者の姿がドアの外に消えるまで観察されるのだから，最後まで気をゆるめず注意事項を心得ておきたい。

面接試験を知る

面接試験には採点基準など明確なものがあるわけではない。面接官が受験者から受ける印象などでも採点は異なってくるので，立派な正論を述べれば正解という性質のものではないのである。ここでは，面接官と受験者の間の様々な心理状況を探ってみた。

面接試験で重要なことは，あたりまえだが面接官に良い印象を持たせるということである。面接官に親しみを持たせることは，確実にプラスになるだろう。同じ回答をしたとしても，それまでの印象が良い人と悪い人では，面接官の印象も変わってくることは十分考えられるからである。

「面接はひと対ひと」と言われる。人間が相手だけに，その心理状況によって受ける印象が変わってきてしまうのである。正論を語ることももちろん重要だが，良い印象を与えるような雰囲気をつくることも，同じく重要である。それでは，面接官に対してよい印象を与える受験者の態度をまず考えてみよう。

■■ 面接官の観点─────────

〈外観の印象〉

　□健康的か。

　□身だしなみは整っているか。

　□清潔感が感じられるか。

　□礼儀正しいか。

　□品位があり，好感を与えるか。

　□明朗で，おおらかさがあるか。

　□落ちつきがあるか。

　□謙虚さがうかがえるか。

　□言語が明瞭であるか。

　　□声量は適度であるか。

　　□言語・動作が洗練されているか。

〈質疑応答における観点〉

　①理解力・判断力・表現力

　　　□質問の意図を正しく理解しているか。

　　　□質問に対して適切な応答をしているか。

　　　□判断は的確であるか。

　　　□感情におぼれず，冷静に判断を下せるか。

　　　□簡潔に要領よく話すことができるか。

　　　□論旨が首尾一貫しているか。

　　　□話に筋道が通り，理路整然としているか。

　　　□用語が適切で，語彙が豊富であるか。

　②積極性・協調性(主に集団討論において)

　　　□積極的に発言しているか。

　　　□自己中心的ではないか。

　　　□他者の欠点や誤りに寛容であるか。

　　　□利己的・打算的なところは見受けられないか。

　　　□協力して解決の方向へ導いていこうとしているか。

　③教育に対する考え方

　　　□教育観が中正であるか。

　　　□人間尊重という基本精神に立っているか。

　　　□子供に対する正しい理解と愛情を持っているか。

　　　□教職に熱意を持っているか。

　　　□教職というものを，どうとらえているか。

　　　□考え方の社会性はどうか。

　④教師としての素養

　　　□学問や教育への関心はあるか。

　　　□絶えず向上しようとする気持ちが見えるか。

　　　□一般的な教養・常識・見識はあるか。

　　　□専門に関しての知識は豊富か。

　　□情操は豊かであるか。
　　□社会的問題についての関心はどうか。
　　□特技や趣味をどう活かしているか。
　　□国民意識と国際感覚はどうか。
　⑤人格の形成
　　□知，情，意の均衡がとれているか。
　　□社会的見識が豊かであるか。
　　□道徳的感覚はどうか。
　　□応答の態度に信頼感はあるか。
　　□意志の強さはうかがえるか。
　　□様々な事象に対する理解力はどうか。
　　□社会的適応力はあるか。
　　□反省力，自己抑制力はどの程度あるか。

■■ 活発で積極的な態度―――――――

　意外に忘れてしまいがちだが，面接試験において確認しておかなくてはならないことは，評価を下すのが面接官であるという事実である。面接官と受験者の関係は，面接官が受験者を面接する間，受験者は面接官にある種の働きかけをすることしかできないのである。面接という短い時間の中で，面接官に関心を持ってもらい，自分をより深く理解してもらいたいのだということを示すためには，積極的に動かなくてはならない。それによって，面接官が受験者に対して親しみを覚える下地ができるのである。

　そこで必要なのは，活発な態度である。質問にハキハキ答える，相手の目を見て話すといった活発な態度は確実に好印象を与える。質問に対し歯切れの悪い答え方をしたり，下を向いてぼそぼそと話すようでは，面接官としてもなかなか好意的には受け取りにくい。

　また，積極的な態度も重要である。特に集団面接や討論形式の場合，積極性がないと自分の意見を言えないままに終わってしまうかもしれない。自分の意見は自分からアピールしていかないと，相手から話を

振られるのを待っているだけでは，発言の機会は回ってこないのである。言いたいことはしっかり言うという態度は絶対に必要だ。

　ただ，間違えてほしくないのは，積極的な態度と相手の話を聞かないということはまったく別であるということである。集団討論などの場で，周りの意見や流れをまったく考えずに自分の意見を繰り返すだけでは，まったく逆効果である。「積極的」という言葉の中には，「積極的に話を聞く」という意味も含まれていることを忘れてはならない。また，自分が言いたいことがたくさんあるからといって，面接官が聞いている以外のことをどんどん話すという態度もマイナスである。このことについては次でも述べるが，面接官が何を聞こうとしているかということを「積極的に分かろうとする」態度を身につけておこう。

　最後に，面接試験などの場であがってしまうという人もいるかもしれない。そういう人は，素の自分を出すということに慣れていないという場合が多く，「変なことを言って悪い印象を与えたらどうしよう」という不安で心配になっていることが多い。そういう人は，面接の場では「活発で積極的な自分を演じる」と割り切ってしまうのも1つの手ではないだろうか。自分は演じているんだという意識を持つことで，「自分を出す」ということの不安から逃れられる。また，そういうことを何度も経験していくことで，無理に演技しているという意識を持たなくても，積極的な態度をとれるようになってくるのである。

■■ 面接官の意図を探る──────────

　面接官に，自分の人間性や自分の世界を理解してもらうということは，面接官に対して受験者も共感を持つための準備ができているということを示さなくてはならない。面接官が興味を持っていることに対して誠意を持って回答をしているのだ，ということを示すことが重要である。例えば，面接官の質問に対して，受験者がもっと多くのことを話したいと思ったり，もっとくわしく表現したいと思っても，そこで性急にそうした意見や考えを述べたりすると，面接官にとって重要なことより，受験者にとって重要なことに話がいってしまい，面接官

は受験者が質問の意図を正確に理解する気がないのだと判断する可能性がある。面接官の質問に対して回答することと，自分の興味や意見を述べることとの間には大きな差があると思われる。面接官は質問に対する回答には関心を示すが，回答者の意見の論述にはあまり興味がないということを知っておかなくてはならない。面接官は，質問に対する回答はコミュニケーションと受け取るが，単なる意見の陳述は一方的な売り込みであることを知っているのである。

　売り込みは大切である。面接の場は自分を分かってもらうというプレゼンテーションの場であることは間違いないのだから，自分を伝える努力はもちろん必要である。だから，求められている短い答えの中で，いかに自分を表現できるかということがキーになってくる。答えが一般論になってしまっては面接官としても面白くないだろう。どんな質問に対しても，しっかりと自分の意見を持っておくという準備が必要なのである。相手の質問をよく聞き，何を求めているかを十分理解した上で，自分の意見をしっかりと言えるようにしておこう。その際，面接官の意図を尊重する姿勢を忘れないように。

■■ 相手のことを受容すること──────

　面接官が受験者を受容する，あるいは受験者が面接官に受容されるということは，面接官の意見に賛同することではない。また，面接官と受験者が同じ価値観を持つことでもない。むしろ，面接官が自分の考え，自分の価値観をもっているのと同じように，受験者がそれをもっていることが当然であるという意識が面接官と受験者の間に生まれるということであろう。こうした関係がない面接においては，受験者は自分が面接官の考え方や価値観を押しつけられているように感じる。

　更に悪いのは，受験者はこう考えるべきだというふうに面接官が思っていると受験者が解釈し，そのような回答をしていることを面接官も気付いてしまう状態である。シナリオが見えるような面接試験では，お互いのことがまったく分からないまま終わってしまう。奇抜な意見

を言えばいいというものではないが，個性的な意見も面接の中では重要になってくる。ただ，その自分なりの意見を面接官が受容するかどうかという点が問題なのである。「分かる奴だけ分かればいい」という態度では，面接は間違いなく失敗する。相手も自分も分かり合える関係を築けるような面接がいい面接なのである。

「こちらがどう思おうと，面接官がどう思うかはどうしようもない」と考えている人もいるかもしれないが，それは間違いである。就職試験などにみられる「圧迫面接」などならしかたないが，普通に面接試験を行う時は，面接官側も受験者のことを理解したいと思って行うのであるから，受験生側の態度で友好的になるかならないかは変わってくるのである。

■■ 好き嫌い————

受容については，もう1つの面がある。それは自分と異なった文化を持った人間を対等の人間として扱うということである。こうした場合のフィードバックは，個人の眼鏡のレンズによってかなり歪められたものになってしまう。また，文化の違いがないときでも，お互いを受容できないということは起こりうる。つまり，人格的に性が合わないことがあるということを認めなくてはならない。しかし，面接という場においては，このことが評価と直結するかというと，必ずしもそうではない。次に述べる「理解」というのにも関係するのだが，面接官に受験者の意見や考えを理解してもらうことができれば，面接の目標を果たせたことになるからだ。

もちろん，「顔や声がどうしても嫌い」などというケースもあり得るわけだが，面接官も立派な大人なわけであるし，そのことによって質問の量などが変わってくるということはまずない。「自分だけ質問されない」というようなケースはほとんどないし，あるとしたらまったく何か別な理由であろう。好き嫌いということに関しては，それほど意識することはないだろう。ただ，口の聞き方や服装，化粧などで，いやな感じを与えるようなものはさけるというのは当然である。

■■ 理解するということ————————

　一人の人間が他者を理解するのに3つの方法がある。第一の方法は，他者の目を通して彼を理解する。例えば，彼について書かれたものを読み，彼について他の人々が語っているのを聞いたりして，彼について理解する。もっとも面接においては，前に行われた面接の評価がある場合をのぞいては，この理解は行われない。

　第二の方法は，自分で相手を理解するということである。これは他者を理解するために最もしばしば使う方法であり，これによってより精密に理解できるといえる。他者を理解したり，しなかったりする際には，自分自身の中にある知覚装置，思考，感情，知識を自由に駆使する。従って理解する側の人間は，その立場からしか相手を理解できない。面接においては，教育現場で仕事に携わっている視点から物事を見ているので，現場では役に立たないような意見を面接官は理解できないということである。

　第三の方法は，最も意味の深いものであると同時に，最も要求水準が高いものでもある。他者とともに理解するということである。この理解の仕方は，ただ両者共通の人間性のみを中心に置き，相手とともにいて，相手が何を考え，どう感じているか，その人の周囲の世界をどのようにみているかを理解するように努める。面接において，こうした理解までお互いに到達することは非常に困難を伴うといえるだろう。

　従って，面接における理解は，主に第二の方法に基づいて行われると考えられる。

■■ よりよく理解するために————————

　最後に面接官が面接を行う上でどのような点を注目し，どのように受験者を理解しようとするのかについて触れておこう。

　まず話し過ぎ，沈黙し過ぎについて。話し過ぎている場合，面接官は受験者を気に入るように引き回される。また，沈黙し過ぎのときは，両者の間に不必要な緊張が生まれてしまう。もっとも，沈黙は面接に

おいて，ときには非常に有用に機能する。沈黙を通して，面接官と受験者がより近づき，何らかを分かち合うこともある。また，同じ沈黙が，二人の溝の開きを見せつけることもある。また混乱の結果を示すこともある。

　また面接官がよく用いる対応に，言い直し，明確化などがある。言い直しとは，受験者の言葉をそのまま使うことである。言い直しはあくまでも受験者に向けられたもので，「私はあなたの話を注意深く聞いているので，あなたが言ったことをもう一度言い直せますよ。私を通してあなたが言ったことを自分の耳で聴き返してください」という意思表示である。

　明確化とは，受験者が言ったこと，あるいは言おうとしたことを面接官がかわって明確にすることである。これには2つの意味があると考えられている。面接官は受験者が表現したことを単純化し意味を明瞭にすることにより，面接を促進する。あるいは，受験者がはっきりと表現するのに困難を感じているときに，それを明確化するのを面接官が手伝ってやる。そのことによって，受験者と面接官とが認識を共有できるのである。

面接試験の秘訣

社会情勢の変動とともに年々傾向の変動が見られる面接試験。これからの日常生活でふだん何を考え，どういった対策をすべきかを解説する。

■■ 変わる面接試験―――――――

　数年前の面接試験での質問事項と最近の面接試験の質問事項を比較してみると，明らかに変わってきている。数年前の質問事項を見てみると，個人に関する質問が非常に多い。「健康に問題はないか」「遠隔地勤務は可能か」「教師を志した理由は」「卒論のテーマは」「一番印象に残っている教師は」などといったものがほとんどである。「指導できるクラブは何か」というものもある。その他には，「今日の新聞の一面の記事は何か」「一番関心を持っている社会問題は何か」「最近読んだ本について」「今の若者についてどう思うか」「若者の活字離れについて」「日本語の乱れについて」「男女雇用機会均等法について」「国際化社会について」「高齢化社会について」といった質問がされている。そして，教育に関連する質問としては，「校則についてどう考えるか」「～県の教育について」「学校教育に必要なこと」「コンピュータと数学教育」「生徒との信頼関係について」「社会性・協調性についてどう考えるか」「生涯教育について」「登校拒否について」といったものが質問されている。また「校内球技大会の注意事項」「教室でものがなくなったときの対処法」「家庭訪問での注意事項」「自分ではできそうもない校務を与えられたときはどうするか」「無気力な子供に対してどのような指導をするか」といった質問がされていたことが分かる。

　もちろんこれらの質問は今日も普遍的に問われることが多いが，さ

らに近年の採用試験での面接試験の質問事項では、「授業中に携帯メールをする生徒をどう指導するか」、「トイレから煙草の煙が出ているのを見つけたらどうするか」、「生徒から『先生の授業は分からないから出たくない』と言われたらどうするか」といった具体的な指導方法を尋ねるものが大幅に増えているのである。では、面接試験の質問内容は、どうしてこのように変化してきたのであろうか。

■■ 求められる実践力――――――――

　先にも述べたように、今日、教師には、山積した問題に積極的に取り組み、意欲的に解決していく能力が求められている。しかも、教師という職業柄、1年目から一人前として子供たちの指導に当たらなくてはならない。したがって、教壇に立ったその日から役に立つ実践的な知識を身に付けていることが、教師としての前提条件となってきているのである。例えば、1年目に担任したクラスでいじめがあることが判明したとする。その時に、適切な対応がとられなければ、自殺という最悪のケースも十分予想できるのである。もちろん、いじめに対する対処の仕方に、必ずこうしなくてはならないという絶対的な解決方法は存在しない。しかし、絶対にしてはいけない指導というものはあり、そうした指導を行うことによって事態を一層悪化させてしまうことが容易に想像できるものがある。そうした指導に関する知識を一切持たない教師がクラス経営を行うということは、暗闇を狂ったコンパスを頼りに航海するようなものである。

　したがって、採用試験の段階で、教師として必要最低限の知識を身に付けているかどうかを見極めようとすることは、至極当然のことである。教師として当然身に付けていなければいけない知識とは、教科指導に関するものだけではなく、教育哲学だけでもなく、今日の諸問題に取り組む上で最低限必要とされる実践的な知識を含んでいるのである。そして、そうした資質を見るためには、具体的な状況を設定して、対処の仕方を問う質問が増えてくるのである。

■■ 面接試験の備え─────────

　実際の面接試験では，具体的な場面を想定して，どのような指導を
するか質問されるケースが非常に多くなってきている。その最も顕著
な例は模擬授業の増加である。対策としては，自己流ではない授業案
を書く練習を積んでおかなくてはならない。

　また，いじめや不登校に対する対応の仕方などについては，委員会
報告や文部科学省の通達などが出ているので，そうしたものに目を通
して理解しておかなくてはいけない。

■■ 面接での評価ポイント─────────

面接は人物を評価するために行う。

①面接官の立場から

　ア．子供から信頼を受けることができるであろうか。

　イ．保護者から信頼を受けることができるであろうか。

　ウ．子供とどのようなときも，きちんと向き合うことができるであ
　　　ろうか。

　エ．教えるべきことをきちんと教えることができるであろうか。

②保護者の立場から

　ア．頼りになる教員であろうか。

　イ．わが子を親身になって導いてくれるであろうか。

　ウ．学力をきちんとつけてくれるであろうか。

　エ．きちんと叱ってくれるであろうか。

■■ 具体的な評価のポイント─────────

①第一印象(はじめの1分間で受ける感じ)で決まる

　服装，身のこなし，表情，言葉遣いなどから受ける感じ

②人物評価

　ア．あらゆるところから誠実さがにじみ出ていなければならない。

　イ．歯切れのよい話し方をする。簡潔に話し，最後まできちんと聞
　　　く。

　　ウ．願書等の字からも人間性がのぞける。上手下手ではない。

　　エ．話したいことが正しく伝わるよう，聞き手の立場に立って話す。

③回答の仕方

　　ア．問いに対しての結論を述べる。理由は問われたら答えればよい。

　　　理由を問われると予想しての結論を述べるとよい。

　　イ．質問は願書や自己PRを見ながらするであろう。特に自己PRは

　　　撒き餌である。

　　ウ．具体的な方策を問うているのであって，タテマエを求めている

　　　のではない。

■■ 集団討論では平等な討議──────────

①受験者間の意見の相違はあって当然である。だからこそ討議が成り

　立つのであるが，食い下がる必要はない。

②相手の意見を最後まで聞いてから反論し，理由を述べる。

③長々と説明するなど，時間の独り占めは禁物である。持ち時間は平

　等にある。

④現実を直視してどうするかを述べるのはよい。家庭教育力の低下だ

　とか「今日の子供は」という批判的な見方をしてはならない。

面接試験の心構え

■■ 教員への大きな期待————————

　面接試験に臨む心構えとして，今日では面接が1次試験，2次試験とも実施され，合否に大きな比重を占めるに至った背景を理解しておく必要がある。

　教員の質への熱くまた厳しい視線は，2009年4月から導入された教員免許更新制の実施としても制度化された(2022年7月廃止予定)。

　さらに，令和3年1月に中央教育審議会から答申された『令和の日本型学校教育』の構築を目指して〜全ての子供たちの可能性を引き出す，個別最適な学びと，協働的な学びの実現〜」では，教師が教師でなければできない業務に全力投球でき，子供たちに対して効果的な教育活動を行うことができる環境を作っていくために，国・教育委員会・学校がそれぞれの立場において，学校における働き方改革について，あらゆる手立てを尽くして取組を進めていくことが重要であるとされている。

　様々な状況の変化により，これからますます教師の力量が問われることになる。さらに，子供の学ぶ意欲や学力・体力・気力の低下，様々な実体験の減少に伴う社会性やコミュニケーション能力の低下，いじめや不登校等の学校不適応の増加，LD(学習障害)，ADHD(注意欠陥/多動性障害)や高機能自閉症等の子供への適切な支援といった新たな課題の発生など，学校教育をめぐる状況は大きく変化していることからも，これからの教員に大きな期待が寄せられる。

■■ 教員に求められる資質————————

　もともと，日本の学校教育制度や教育の質は世界的に高水準にあると評価されており，このことは一定の共通認識になっていると思われる。教師の多くは，使命感や誇りを持っており，教育的愛情をもって

子供に接しています。さらに，指導力や児童生徒理解力を高めるため，いろいろな工夫や改善を行い，自己研鑽を積んできている。このような教員の取り組みがあったために，日本の教員は高い評価を得てきている。皆さんは，このような教師たちの姿に憧れ，教職を職業として選択しようとしていることと思われる。

ただ一方で，今日，学校教育や教員をめぐる状況は大きく変化しており，教員の資質能力が改めて問い直されてきているのも事実です。文部科学省の諮問機関である中央教育審議会では，これらの課題に対し，①社会構造の急激な変化への対応，②学校や教員に対する期待の高まり，③学校教育における課題の複雑・多様化と新たな研究の進展，④教員に対する信頼の揺らぎ，⑤教員の多忙化と同僚性の希薄化，⑥退職者の増加に伴う量及び質の確保の必要性，を答申している。

中央教育審議会答申(「教職生活の全体を通じた教員の資質能力の総合的な向上方策について」2012年)では，これからの教員に求められる資質能力を示してる。

(i) 教職に対する責任感，探究力，教職生活全体を通じて自主的に学び続ける力(使命感や責任感，教育的愛情)

(ii) 専門職としての高度な知識・技能
・教科や教職に関する高度な専門的知識(グローバル化，情報化，特別支援教育その他の新たな課題に対応できる知識・技能を含む)
・新たな学びを展開できる実践的指導力(基礎的・基本的な知識・技能の習得に加えて思考力・判断力・表現力等を育成するため，知識・技能を活用する学習活動や課題探究型の学習，協働的学びなどをデザインできる指導力)
・教科指導，生徒指導，学級経営等を的確に実践できる力

(iii) 総合的な人間力(豊かな人間性や社会性，コミュニケーション力，同僚とチームで対応する力，地域や社会の多様な組織等と連携・協働できる力)

また，中央教育審議会答申(「今後の教員養成・免許制度の在り方について」2006年)では，優れた教師の3要素が提示されている。

① 教職に対する強い情熱

教師の仕事に対する使命感や誇り，子どもに対する愛情や責任感など

② 教育の専門家としての確かな力量

子ども理解力，児童・生徒指導力，集団指導の力，学級づくりの力，学習指導・授業づくりの力，教材解釈の力など

③ 総合的な人間力

豊かな人間性や社会性，常識と教養，礼儀作法をはじめ対人関係能力，コミュニケーション能力などの人格的資質，教職員全体と同僚として協力していくこと

さらに中央教育審議会答申(「これからの学校教育を担う教員の資質能力の向上について～学び合い，高め合う教員育成コミュニティの構築に向けて～」2015年)では，新たにこれからの時代の教員に求められる資質能力が示された。

(i) これまで教員として不易とされてきた資質能力に加え，自律的に学ぶ姿勢を持ち，時代の変化や自らのキャリアステージに応じて求められる資質能力を生涯にわたって高めていくことのできる力や，情報を適切に収集し，選択し，活用する能力や知識を有機的に結びつけ構造化する力などが必要である。

(ii) アクティブ・ラーニングの視点からの授業改善，道徳教育の充実，小学校における外国語教育の早期化・教科化，ICTの活用，発達障害を含む特別な支援を必要とする児童生徒等への対応などの新たな課題に対応できる力量を高めることが必要である。

(iii) 「チーム学校」の考えの下，多様な専門性を持つ人材と効果的に連携・分担し，組織的・協働的に諸課題の解決に取り組む力の醸成が必要である。

時代の変革とともに，アクティブ・ラーニングやチーム学校など，

求められる教師の資質や能力も変わっていく。時代に対応できる柔軟
性のある教師が求められる。

■■ 面接試験の種類とその概要————————

　面接は，基本的に個人面接，集団面接，集団討論，模擬授業の4種類
に分けられるが，現在，多様な方法で，その4種類を適宜組み合わせ
て実施しているところが多くなっている。例えば，模擬授業の後で授
業に関する個人面接をしたり，集団討論と集団面接を組み合わせてい
る。また模擬授業も場面指導・場面対応などを取り入れているところ
が増えてきた。

　文部科学省の調査によると，面接官は主に教育委員会事務局職員や
現職の校長，教頭などであるが，各自治体は，これに加えて民間企業
担当者，臨床心理士，保護者等の民間人等を起用している。次にそれ
ぞれの面接の概要を紹介する。

受験者1人に対して，面接官2〜3人で実施される。1次試
験の場合は「志願書」に基づいて，2次試験の場合は1次
合格者にあらかじめ記入させた「面接票」に基づいて質
問されることが一般的で，1人当たり10分前後の面接時間である。

　1次試験と2次試験の面接内容には大差はないが，やや2次試験の
方が深く，突っ込んで聞かれることが多いと言える。

　質問の中でも，「教員志望の動機」，「教員になりたい学校種」，
「本県・市教員の志望動機」，「理想の教師像・目指す教師像」など
は基本的なことであり，必ず聞かれる内容である。「自己アピール」
とともに，理由，抱負，具体的な取組などをぜひ明確化しておく必
要がある。

　また，「志願書」を基にした質問では，例えば部活動の経験や，
卒業論文の内容，ボランティア経験などがある。必ず明確に，理由
なども含めて答えられるようにしておくことが必要である。そのた
めに「志願書」のコピーを取り，突っ込んで聞かれた場合の対策を
立てておくことを勧める。

集団面接 集団面接は受験者3～8名に対して面接官3名で実施される。1次試験で実施するところもある。したがって個人面接と質問内容には大差はない。例えば，「自己アピール」をさせたり，「教員として向いているところ」を聞いたりしている。

　ただ1次試験の面接内容と違うところは，先に述べたように，多くの自治体が2次試験受験者に対してあらかじめ「面接票」を書かせて当日持参させて，その内容に基づいて聞くことが多い。したがって，記載した内容について質問されることを想定し，十分な準備をしておく必要がある。例えば，「卒業論文のテーマ」に対して，テーマを設定した理由，研究内容，教師として活かせることなどについて明確化しておく必要がある。ボランティア経験なども突っ込んで聞かれることを想定しておく。

　今日では集団面接は受験番号順に答えさせるのではなく，挙手をさせて答えさせたり，受験者によって質問を変えたりする場合が多くなっている。

　集団面接では，個人面接と同様に質問の内容自体は難しくなくても，他の受験生の回答に左右されないように，自分の考えをしっかりと確立しておくことが重要である。

集団討論 面接官3名に対して，受験者5～8名で与えられたテーマについて討論する。受験者の中から司会を設けさせるところと司会を設けなくてもよいところ，結論を出すように指示するところと指示しないところがある。

　テーマは児童生徒への教育・指導に関することが中心で，討論の時間は30～50分が一般的である。

　採用者側が集団討論を実施する意図は，集団面接以上に集団における一人ひとりの資質・能力，場面への適応力，集団への関係力，コミュニケーション力などを観て人物を評価したいと考えているからである。そして最近では，個人面接や集団面接では人物を判断しきれないところを，集団討論や模擬授業で見極めたいという傾向が見受けられる。よって受験者仲間と討論の練習を十分に行い，少し

でも教育や児童生徒に対する幅広い知識を得ることはもちろんのこと，必ず自分の考えを構築していくことが，集団討論を乗り切る「要」なのである。

模擬授業 一般に模擬授業は教科の一部をさせるものであるが，道徳や総合的な学習の時間，学級指導などを行わせるところもある。

時間は8分前後で，導入の部分が一般的であるが，最近は展開部分も行わせることもある。直前に課題が示されるところ，模擬授業前に一定の時間を与え，学習指導案を書かせてそれを基に授業をさせるところ，テーマも抽選で自分である程度選択できるところもある。また他の受験生を児童生徒役にさせるところ，授業後，授業に関する個人面接を実施するところなど，実施方法は実に多様である。

ある県では，1次合格者に対して2次試験当日に，自分で設定した単元の学習指導案をもとに授業をさせて，後の個人面接で当該単元設定の理由などを聞いている。またある県では，授業後の個人面接で自己採点をさせたり，授業について質問している。

学級指導を行わせる自治体もある。例えば，福祉施設にボランティアに出かける前の指導や修学旅行前日の指導，最初の学級担任としての挨拶をさせるものなどである。

模擬授業は，集団討論と同様，最近は非常に重要視されている。時間はわずか8分前後であるが，指導内容以上に，与えられた時間内にどれだけ児童生徒を大切にした授業をしようとしたか，がポイントである。それだけに受験生は「授業力」を付ける練習を十分にしておくことが必要である。

 場面指導 ロールプレイング 模擬授業の一方法と言えるが，設定される課題が生徒指導に関することや，児童生徒対応，保護者対応・地域対応に関するものが主である。個人面接の中で設定される場合もある。

最近の児童生徒の実態や保護者対応などが課題になっていることを受けて，多くのところで実施されるようになってきた。

例えば，「授業中に児童が教室から出て行きました。あなたはどうしますか」とか「あなたが授業のために教室に行ったところ，生徒たちが廊下でたむろして教室に入らないので指導して下さい」，「学級の生徒の保護者から，明日から学校に行かせないとの連絡がありました。担任としてどうするか，保護者に話してください」など，教員になれば必ず直面するテーマが設定されている。

日頃から，自分が教員になった場合の様々な場面を想定して，自分の考えや対応の方法などの構築を進めていくことが必要である。そのためには，集団討論や模擬授業と同様に十分な練習を行うことが必要である。

■■ 面接試験に臨むために準備すること────────

準備のための基本的な視点は次の3点である。

(1)　面接会場の多くは学校の教室である。暑い最中での面接であるから，心身の状態をベストにして臨むことが極めて重要である。

面接のためだけでなく，教職自体が予想以上に心身のタフさが求められることを念頭において，日頃から試験当日に向けて心身の健康の保持に留意すること。

(2)　面接は人物評価の「要」となっているだけに，受験者は「自分をアピールする・売り込む」絶好の機会と捉えて，当日に向けての十分な準備・対策を進めることが極めて大切である。

(3)　自分の受験する自治体の教育施策を熟知し，多様な面接内容などに対処できるようにすることが大切である。

試験対策前の事前チェック

■■ 面接試験の準備状況をチェックする───────

　まず面接試験に向けた現在の準備状況を20項目の「**準備状況のチェック**」で自己チェックし，その合計得点から準備の進み具合について調べ，これからどのような準備や学習が必要なのかを考えよう。「はい」「少しだけ」「いいえ」のどれかをマークし，各点数の合計を出す。（得点：はい…2点，少しだけ…1点，いいえ…0点）

Check List 1 準備状況のチェック

	はい	少しだけ	いいえ
① 態度・マナーや言葉づかいについてわかっている	○	○	○
② 自分の特技や特長が説明できる	○	○	○
③ 自分なりの志望の動機を答えられる	○	○	○
④ 自己PRが短時間でできる	○	○	○
⑤ 自分の能力や教員としての適性について説明できる	○	○	○
⑥ 教育に対する考えを明確に説明することができる	○	○	○
⑦ 自分の目指す教師像について説明できる	○	○	○
⑧ 教師として何を実践したいか説明できる	○	○	○
⑨ 希望する校種が決まっている	○	○	○
⑩ 卒論の内容について具体的に説明できる	○	○	○
⑪ 面接試験の内容や方法についてわかっている	○	○	○
⑫ 面接の受け方がわかっている	○	○	○
⑬ 面接試験で何を質問されるのかわかっている	○	○	○
⑭ 模擬面接を受けたことがある	○	○	○
⑮ 集団討議でディスカッションする自信がある	○	○	○
⑯ 模擬授業での教科指導・生徒指導に自信がある	○	○	○
⑰ 受験要項など取り寄せ方やWeb登録を知っている	○	○	○
⑱ 書類など何をそろえたらよいのかわかっている	○	○	○
⑲ 書類などの書き方がわかっている	○	○	○
⑳ 試験当日の準備ができている	○	○	○

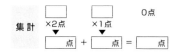

集計　×2点　　×1点　　　0点
▼　　　▼
点 ＋ 点 ＝ 点

0〜14点	15〜29点	30〜40点
少々準備不足である。他の受験者に遅れを取らないように頑張ろう。	順調に準備が進んでいる。さらに本番に向けて準備を進めよう。	よく準備ができている。自分の考えを整理して，本番に備えよう。

■■ 教職レディネスをチェックする─────────

　教員採用試験を受験する前に，教員になるための準備がどの程度できているだろうか。教員の職務に必要とされている様々な能力や適性について，まずは確認してみることが必要である。

　教員の職務に必要な能力・適性を，(1)　**事務処理**，(2)　**対人関係**，(3)　**教育力・指導力** に分け，それぞれについて，教員になるための準備の程度について考えてみたい。次のチェックシートを使って，自分の教職に対するレディネス(準備性)を評価してみる。CとDの項目については，改善のためのアクションプラン(行動計画)を考えるとよい。

(1)　事務処理能力をチェックする

　教育事務は教育活動の中でも，生徒指導を支える重要な役割を果たすものである。学校としてのあらゆる教育計画を企画・立案したり，生徒指導のための資料を収集・整理し，活用できるようにまとめたりすることも，事務処理の優れた能力がなければ実践していくことはできない。教職レディネスとしての事務的能力について，以下の項目をAからDで評価する。

Check List 2 事務処理能力のチェック

A：十分できる　B：できる　C：あまりできない　D：できない

① 言われたことを正しく理解し，実行できる　　Ⓐ─Ⓑ─Ⓒ─Ⓓ

② 計画的に行動し，適正に評価することができる　Ⓐ─Ⓑ─Ⓒ─Ⓓ

③ 根気強く資料を作ったり，検討することができる　Ⓐ─Ⓑ─Ⓒ─Ⓓ

④ 物事を正確で丁寧に処理できる Ⓐ─Ⓑ─Ⓒ─Ⓓ

⑤ 計算を速く間違いなくできる Ⓐ─Ⓑ─Ⓒ─Ⓓ

⑥ 記録を付けたり, データを解釈することができる Ⓐ─Ⓑ─Ⓒ─Ⓓ

⑦ 文字や数字などを速く正確に照合できる Ⓐ─Ⓑ─Ⓒ─Ⓓ

⑧ 文章を理解し, 文章で自分の考えを伝えられる Ⓐ─Ⓑ─Ⓒ─Ⓓ

⑨ データをグラフ化したり, 考えを図式化できる Ⓐ─Ⓑ─Ⓒ─Ⓓ

⑩ 分析したり, まとめたり, 計画を立てられる Ⓐ─Ⓑ─Ⓒ─Ⓓ

(2) 対人関係能力をチェックする

　教育は人と人との関わりを通して行われるものであり, 児童・生徒は教師の人格や対人関係能力などによって大きな影響を受けるものである。児童・生徒への適切な指導や保護者との連携, 地域との関わり, 先輩教員とのコミュニケーションなど対人関係能力は教職にとって欠くことのできない基本的な要素だと言える。教職レディネスとしての対人関係能力について, 以下の項目を前述と同様にAからDで評価してみよう。

Check List 3 対人関係能力のチェック

A:十分できる　B:できる　C:あまりできない　D:できない

① 考えていることをうまく言葉で表現できる Ⓐ─Ⓑ─Ⓒ─Ⓓ

② あまり神経質でなく, 劣等感も少ない Ⓐ─Ⓑ─Ⓒ─Ⓓ

③ 社交性があり, 誰とでも協調していくことができる Ⓐ─Ⓑ─Ⓒ─Ⓓ

④ 初対面でも気楽に話すことができる Ⓐ─Ⓑ─Ⓒ─Ⓓ

⑤ 相手に好感を与えるような話しぶりができる Ⓐ─Ⓑ─Ⓒ─Ⓓ

⑥ 奉仕的な気持ちや態度を持っている Ⓐ─Ⓑ─Ⓒ─Ⓓ

⑦ 何事にも, 機敏に対応できる Ⓐ─Ⓑ─Ⓒ─Ⓓ

⑧ 相手の気持ちや考えをよく理解できる Ⓐ─Ⓑ─Ⓒ─Ⓓ

⑨ 相手の立場になって考えたり, 行動できる Ⓐ─Ⓑ─Ⓒ─Ⓓ

⑩ 他人をうまく説得することができる Ⓐ─Ⓑ─Ⓒ─Ⓓ

(3) 教育力・指導力をチェックする

　教師としての教育力や指導力は, 教員の職務上, もっとも重要な能力であると言える。教師として必要な知識や指導方法などを知ってい

ても，実際にそれらを活用して指導していけなければ何にもならない。教育力・指導力は，教育活動の中で生徒指導を実践していくための教職スキルであると言うことができる。教職レディネスとしての教育力・指導力について，以下の項目をAからDで評価してみよう。

Check List 4　教育力・指導力のチェック

A：十分できる　B：できる　C：あまりできない　D：できない

① 責任感が強く，誠実さを持っている　Ⓐ─Ⓑ─Ⓒ─Ⓓ

② 児童・生徒への愛情と正しい理解を持っている　Ⓐ─Ⓑ─Ⓒ─Ⓓ

③ 常に創意工夫し，解決へと努力することができる　Ⓐ─Ⓑ─Ⓒ─Ⓓ

④ 何事にも根気強く対応していくことができる　Ⓐ─Ⓑ─Ⓒ─Ⓓ

⑤ 正しいことと悪いことを明確に判断し行動できる　Ⓐ─Ⓑ─Ⓒ─Ⓓ

⑥ 人間尊重の基本精神に立った教育観を持っている　Ⓐ─Ⓑ─Ⓒ─Ⓓ

⑦ 教科に関する知識や指導方法などが身に付いている　Ⓐ─Ⓑ─Ⓒ─Ⓓ

⑧ 問題行動には毅然とした態度で指導することができる　Ⓐ─Ⓑ─Ⓒ─Ⓓ

⑨ 研究や研修に対する意欲を持っている　Ⓐ─Ⓑ─Ⓒ─Ⓓ

⑩ 教科に関する知識や指導方法などが身に付いている　Ⓐ─Ⓑ─Ⓒ─Ⓓ

⑪ 授業を計画したり実践する力がある　Ⓐ─Ⓑ─Ⓒ─Ⓓ

⑫ 教育公務員としての職務を正しく理解している　Ⓐ─Ⓑ─Ⓒ─Ⓓ

⑬ 学習指導要領の内容をよく理解できている　Ⓐ─Ⓑ─Ⓒ─Ⓓ

■■ 面接の心構えをチェックする──────────

　面接への心構えはもうできただろうか。面接試験に対する準備状況をチェックしてみよう。できている場合は「はい」，できていない場合は「いいえ」をチェックする。

Check List 5　面接の心構えのチェック

	はい	いいえ
① 面接に必要なマナーや態度が身に付いているか	◯	◯
② 面接でどのような事柄が評価されるかわかっているか	◯	◯
③ 面接にふさわしい言葉づかいができるか	◯	◯
④ 受験先のこれまでの面接での質問がわかっているか	◯	◯
⑤ 話をするときの自分のくせを知っているか	◯	◯

⑥ 教員の仕事について具体的に理解しているか ⬤━⬤

⑦ 必要な情報が集められているか確認したか ⬤━⬤

⑧ 志望した動機について具体的に話せるか ⬤━⬤

⑨ 志望先の教育委員会の年度目標などを説明できるか ⬤━⬤

⑩ 志望先の教育委員会の教育施策について説明できるか ⬤━⬤

■■ 面接試験の意義

　教員採用試験における筆記試験では，教員として必要とされる一般教養，教職教養，専門教養などの知識やその理解の程度を評価している。また，論作文では，教師としての資質や表現力，実践力，意欲や教育観などをその内容から判断し評価している。それに対し，面接試験では，教師としての適性や使命感，実践的指導能力や職務遂行能力などを総合し，個人の人格とともに人物評価を行おうとするものである。

　教員という職業は，児童・生徒の前に立ち，模範となったり，指導したりする立場にある。そのため，教師自身の人間性は，児童・生徒の人間形成に大きな影響を与えるものである。そのため，特に教員採用においては，面接における人物評価は重視されるべき内容と言える。

■■ 面接試験のねらい

　面接試験のねらいは，筆記試験ではわかりにくい人格的な側面を評価することにある。面接試験を実施する上で，特に重視される視点としては次のような項目が挙げられる。

(1)　人物の総合的評価

　面接官が実際に受験者と対面することで，容姿，態度，言葉遣いなどをまとめて観察し，人物を総合的に評価することができる。これは，面接官の直感や印象によるところが大きいが，教師は児童・生徒や保護者と全人的に接することから，相手に好印象を与えることは好ましい人間関係を築くために必要な能力といえる。

(2)　性格，適性の判断

　面接官は，受験者の表情や応答態度などの観察から性格や教師としての適性を判断しようとする。実際には，短時間での面接のため，社会的に，また，人生の上からも豊かな経験を持った学校長や教育委員会の担当者などが面接官となっている。

(3)　志望動機，教職への意欲などの確認

　志望動機や教職への意欲などについては，論作文でも判断することもできるが，面接では質問による応答経過の観察によって，より明確に動機や熱意を知ろうとしている。

(4)　コミュニケーション能力の観察

　応答の中で，相手の意志の理解と自分の意思の伝達といったコミュニケーション能力の程度を観察する。中でも，質問への理解力，判断力，言語表現能力などは，教師として教育活動に不可欠な特性と言える。

(5)　協調性，指導性などの社会的能力(ソーシャル・スキル)の観察

　ソーシャル・スキルは，教師集団や地域社会との関わりや個別・集団の生徒指導において，教員として必要とされる特性の一つである。これらは，面接試験の中でも特に集団討議(グループ・ディスカッション)などによって観察・評価されている。

(6)　知識，教養の程度や教職レディネス(準備性)を知る

　筆記試験において基本的な知識・教養については評価されているが，面接試験においては，更に質問を加えることによって受験者の知識・教養の程度を正確に知ろうとしている。また，具体的な教育課題への対策などから，教職への準備の程度としての教職レディネスを知ることができる。

面接模範回答集

■■ 面接突破へのコツ——————

1　面接における応答で重要なことは，質問に対してぶっきらぼうに
ならない範囲でできるだけ短く答えるようにすることで，一呼吸で
答えられる範囲が適当である。

2　面接の質問内容で特に準備しておくポイントの一つとして，学習
指導要領の内容があげられる。それとなく聞かれることがあるので，
改訂の内容について十分に理解しておく必要がある。

個人面接 ①

**Q　貴方はこれまでにどのような社会活動やボランティア活動などを
経験してきましたか。簡単に説明してください。**

A　近くの小学校で学童保育の補助員を勤めてきました。

Q　それはどのような活動ですか。

A　放課後に学校に残っている児童の面倒を見る仕事で，一緒に遊ん
だり走り回ったりしています。

Q　その活動からどのようなことを学びましたか。

A　子供との関わり方や遊びの中での様々なトラブルの対処を学びま
した。

Q　それを教師としてどのように役立てることができると思いますか。

A　教科指導や生活指導の場面で子供と関わってきた経験が生かせる
と思います。

■POINT■

社会活動やボランティア活動の経験は教師として必要な要素と見て
います。人に対する関心や面倒見の良さ，世話をすることなどは教師
の資質として適しているからです。

個人面接 ②

Q あなたが所属しているクラブやサークルについて説明してください。

A ○○クラブに所属して4年間活動を続けてきました。

Q そこでは，どんな役割をしていましたか。

A 会計を担当していました。

Q どのような活動内容でしたか。何か学ぶことができましたか。

A 活動費の徴収や支出，出納簿の記入などを通して，計画性や書類作成の事務的能力が身に付いたと思います。

Q それを教師としてどのように役立てることができますか。

A 教科指導の計画や学級経営の実務に生かせると思います。

■POINT■

　学生時代の活動でクラブ・サークル活動を通じて集団活動の基本を身に付け，社会性が高まっているか，といったことに面接官の関心があります。

個人面接 ③

Q 卒業研究はどのようなテーマで行いましたか。

A 教師のコンピテンシーについて研究しました。

Q 研究目的とポイントは何ですか。

A 教師に求められる実績評価とはなにかについて教員や生徒へのアンケート調査を通して，成果の出せる教師像を研究しました。

Q 研究の結果はどのようになりましたか。結果から学んだことはありますか。

A 生徒が満足し，学力や能力が伸びる教師の条件として人間性が重要であるとわかりました。

Q それを教師としてどのように役立てることができますか。

A 研究は十分に納得できる結果が得られ，これから目指す教師像の

指針として，教師としての人間性を高めていこうと思いました。
■POINT■

　卒業研究の内容は，学生時代の専門的な関心事の方向性を示しています。その内容と教職との関連性を明確に示すことが重要です。

個人面接 ④

Q　教育実習で特に努力したことは何ですか。

A　生徒と積極的に関わることと教材研究や指導案づくりです。

Q　特に気を配ったことは何ですか。

A　朝から放課後，生徒が下校するまで積極的に自分から生徒に声を掛けました。

Q　実習を通して身に付いたことは何ですか。

A　実際の授業での経験を通して，実践的な授業力が少しですが身に付いたと思います。

Q　実習において特に学んだことは何ですか。

A　生徒一人一人と関わることの大切さを学びました。

■POINT■

　教育実習の経験に関する質問は，教師としての適性を見るポイントとなります。努力したこと，困ったこと，嬉しかったことなどについて答えられるように整理しておく必要があります。

個人面接 ⑤

Q　教育実習の教科指導で特に気をつけたことは何ですか。

A　教材研究と指導案づくりです。

Q　それはなぜですか。

A　教壇に立って授業を行う経験がないので準備を十分にしないと不安だったからです。

Q　どのような努力をしましたか。

A 教育実習が始まる前から教材研究を行い，指導案も事前に何枚も
書いて担当の先生にご指導頂きました。

Q 教科指導を通してどんなことを学びましたか。

A 授業を組み立てることの難しさです。

▮POINT▮

教育実習で特に教科指導の取り組みについては，必ず聞かれると思
っていいでしょう。生徒の実態，事前の教材研究，指導案作成，授業
実践，授業の自己評価・反省から次時の授業修正などについてまとめ
ておきましょう。

個人面接 ⑥

Q 貴方が教員として必要だと考える資質を1つ挙げてください。

A 指導力だと思います。

Q それはなぜですか。

A 指導力は子供に確かな学力を身に付けさせたり，規律ある生活を
指導するために必要だと思います。

**Q そのような指導力を，これまでに身に付けるような努力をしてき
ましたか。**

A 母校の部活動指導や地域のクラブ指導などを通して指導力を高め
てきました。

**Q 教員になってからも，そのような指導力を高めるためには，どの
ような努力が必要だと思いますか。**

A 教員としての研修が重要だと思います。先輩の先生方から積極的
に指導を頂き，指導力を高めていきたいと思います。

▮POINT▮

教師としての価値観・教育観や識見などを見る質問ですが，論理性
や説明力・説得力なども判断される内容でもあります。教師として自
らこだわる価値について論理立てて説得できるようにしておきます。

個人面接 ⑦

Q 貴方はどのようなところが教師に向いていると思いますか。

A 熱心に教えることだと思います。

Q 具体的に説明してください。

A 物事を人に教えるときにいつでも一所懸命に教えることができます。

Q それはどうして身に付いてきたのだと思いますか。

A 部活動の後輩指導などを通して身に付いてきたと思います。

Q それを教師としてどのように生かしていけると思いますか。

A 私は教えることが好きで，できるようになっていく姿を見ることに喜びを感じることから，教師の仕事に喜びがもてると思います。

■**POINT**■

　教職への適性や長所などの自己認識についての質問であり，1分間程度でといったように時間を指定され，自己PRを求められる場合もあります。自分の教職としての特徴については，手短に述べられるようにまとめておく必要があります。あれこれ言わずに端的に一つに絞っておくとよいでしょう。

場面指導 ①

Q いくら指導しても授業がわからない生徒がいたときにどのように対応しますか。

A 個別に根気強く指導していきます。

Q 具体的にどのような指導をしていきますか。

A わからないところを明確にして，個別に具体的な対策を立てて指導していこうと思います。

Q それでもダメだったらどうしますか。

A 放課後での個別指導の実施や教科や学年での協力した対応などを考えます。

Q　みんながわかる，できる授業を展開するためには何が大切だと思いますか。

A　生徒がどの程度，授業内容を理解しているか，できるようになっているかなどの評価を実施し，生徒の実態に合わせた授業内容や指導方法を取り入れていこうと思います。

■**POINT**■

　教科指導では常にわからない生徒への指導に創意工夫が必要になってきます。授業の中でどのように対応していくか，簡潔に答えられるようにしておくことが重要です。

場面指導 ②

Q　**授業に遅れてきた生徒がいたらどうしますか。**

A　短い時間で注意してから授業に参加させます。

Q　**授業に遅れた理由が「かったるいから」ということでした。その場でどう指導しますか。**

A　「かったるい」といった言葉から反抗的な生徒だと思いますが，その場では反抗的な態度については注意しないで授業を受けるように指導してから，後で個別に呼んで話をします。

Q　**授業が終わってからの指導はどうしますか。**

A　やる気がなくなっている理由について，時間をかけて話を聞いていきます。できるだけ本人の立場を考えて意欲が出てくるような助言をしていこうと思います。

Q　**このようなことが起こらないようにするためにはどうしたらよいでしょうか。**

A　将来の夢をもって，前向きに進んでいくように指導していくことが大事だと思います。キャリア教育を進めていくことが生活の改善にも役立つのではないかと思います。

■**POINT**■

授業への不適応を示す生徒はどこの学校でもいます。そのような生

徒への指導を具体的に考えておくことが重要です。

場面指導 ③

Q 授業の始めに出席をとりましたが，その後に途中でいなくなった生徒への対応はどのようにしたらよいと思いますか。

A いなくなった生徒を探して指導します。

Q 具体的にどのように対処しますか。

A いなくなった原因や行き先を知っている生徒がいないか生徒を集めて聞いてみます。わからない場合にはとりあえず近くのトイレ等行きそうな場所を体育委員や保健委員に探させます。

Q それでもわからなかった場合，その後，どのような指導をしていきますか。

A それでもいなかった場合には，手の空いている教員に依頼して探してもらい，管理職にも報告します。

Q このようなことが起こらないようにするためにはどうしたらよいでしょうか。

A 先ずは，授業における生徒指導と生徒管理を徹底することだと思います。

■**POINT**■

授業での管理上の問題で施設・設備の管理，安全上の管理とともに生徒管理も重要な課題です。正答が特にあるわけではありませんが，重要なポイントを踏まえるようにする必要があります。

場面指導 ④

Q 教室に入ったところ生徒が喧嘩をしていた。このようなときにどのように指導しますか。

A 先ず，喧嘩をやめさせてから個別に指導します。

Q 喧嘩をすぐにやめなかったら具体的にどのように指導しますか。

A　他の教員にも協力を求めて，二人の間に入って喧嘩をやめさせます。

Q　そのあとはどのように指導していきますか。

A　一人ずつ本人の言い分を聞き，喧嘩の原因を聞いて，解決しようと思います。

Q　クラスの担任として喧嘩が起こらないように，どのように対策を立てますか。

A　学級活動や学校行事の時間を使って，生徒が協力し合うために，話し合って課題解決する場をつくっていき，生徒が互いに理解し合えるようにしたいと思います。

■POINT■

　生徒指導の問題で緊急事態が生じることがあります。咄嗟にどのような行動を取るのか，また，その後にどう対応するのかなど実践的な問題処理能力が求められます。

場面指導 ⑤

Q　**校内の掃除をしていたところ，生徒が廊下を土足で歩いていました。この場合どのような対応をしますか。**

A　その場で止めさせます。

Q　**具体的にどのような指導をしていきますか。**

A　その場で制止させて注意します。生徒たちがみんなで取り組む校内美化の活動を踏みにじる行為は断じて許さないと指導します。

Q　**その後に，どのような指導をしていきますか。**

A　なぜそのような行為をしたのかについて個別に話を聞き，本人の言い分があるのであれば，それも聞こうと思います。

Q　**生徒が土足で上がってこないためには，今後どのような指導が必要だと思いますか。**

A　校内美化活動を推進し，生徒会活動などで検討させていきたいと思います。

■POINT■

　日常の生徒指導の中でも問題行動への指導は，教師の生徒指導の力量が明確に表れ，実践的な指導力を評価することができます。問題行動に対して毅然とした態度で具体的な指導の仕方を示すことは教師の資質としても期待される要素です。

場面指導 ⑥

Q　子供がクラスでいじめられていると親が訴えてきた場合，あなたはどのように対応しますか。

A　保護者と直接会って，話を十分に詳しく聞き，対処しようと思います。

Q　具体的にどのような話をしていきますか。

A　いじめの内容については，日時や具体的な内容を正確に聞いてメモをとり，学年主任や管理職に報告し相談をします。

Q　その後に，どのような指導をしていきますか。

A　クラスの生徒全員から事情を聞いて，事実を再度，正確に確認し，いじめている生徒に対する指導を行います。

Q　このようなことが起こらないようにするためにはどのようなことが必要だと思いますか。

A　いじめはいけないと言うことは徹底して日常的に指導していくことを学年会や職員会議で確認し，具体的に実践していくことが大切だと思います。

■POINT■

　いじめの問題はどこの学校でも重要な教育課題となっています。意地の悪い一言から集団いじめに発展していく例も多く，問題の発覚から初期対応やその後の対応，発生予防の対策などについて考えておく必要があります。

場面指導 ⑦

Q 保護者から，茶色の髪がなぜダメかと聞かれた場合，あなたはどのように対応しますか。

A 先ずは，保護者の言い分を聞くようにします。

Q 具体的にどのような話をしていきますか。

A 学校で禁止されている理由を説明します。茶髪が許される場は社会でも限られているため，生徒の将来の進路が限定されてしまう恐れがあることを保護者に理解させようと思います。

Q その後に，どのような話をしていきますか。

A 社会のルールを守って生きていくことが社会人に求められていることを学校教育の中でしっかりと指導していくことが大切だと話していきます。

Q このようなことが起こらないようにするためには，どのようなことが必要だと思いますか。

A 保護者の考え方を理解しながらも，学校教育の方針についても十分な説明をして理解を得られるように家庭との連携を強化していくことが必要だと思います。

■POINT■

　保護者への対応も教員として重要な職務であり，最近，多くなった地域や保護者などからのクレームに対する対応の仕方などもあらゆる場面を想定しながら対応策を考えておく必要があります。

実技試験対策

■■ 実技試験の実施意義─────

実技試験と言っても，全員に課される運動能力テストのようなものと，専門教養に関するものの2種類あるが，ここでは，専門教養に関する実技について説明することにする。

(1) 意義

実技試験の意義については，小学校と中学校・高校とでは少々異なる。小学校は全科担任制，つまりすべての教科について指導することになっており，中学校・高校は専門教科になるという違いになる。つまり，小学校は9教科，中学校・高校はその1教科のみとなる。まず，全体の実技試験の実施状況をみてみると，実技試験を実施していない県は皆無である。つまり，実技試験なしでは教員採用試験は成り立たないことになる。一次あるいは二次に実施という違いはあるものの，採用試験に対する実技の占める割合は等しく重要である。筆記教科の条件＋実技能力が，教師には必要とされる。実技技能と指導に対する情熱が，実技教科の教師となるべき最低条件である。

実技試験では，その実技のうまい，へたをみるためだけではなく，熱意がみられるか，確実にできるか，ある程度の技能がしっかり身についているかどうかなどが求められている。実技教科で実技を行うことによって情操教育を行い，人間形成の一翼を担うのが学校教育での実技教科の意義である。実技教科は指導力が必要で，児童・生徒への影響が多大であることは先にも記したが，特定の優れた児童・生徒を育てるのではなく，児童・生徒の全体的なレベルアップを図るのが実技教科のねらいである。

(2) 学校・学級現場

小学校の実技をみてみよう。音楽，図画工作，体育，技術家庭であ

るが，その教科を含めた全教科の中で最も好かれているのが体育である。からだを動かせること，机上の教科ではないこと，教室内だけではないことなどがあげられる。そのために，児童といっしょになってくれる先生が，子供たちの間では好かれる。体育といっても水泳，ボール運動，マット運動，鉄棒，とび箱などがあるので，それらすべてができなければ教師になる資格はないことになる。図工においては，技能というよりその材料，製作過程をよく理解していること，児童にものをつくり出すことの楽しさを教えることなどが必要である。音楽においては，音楽の楽しさを指導することが大切だ。うまい，へたではなく音楽の基礎を教える，音に親しませることが教師に望まれる。中学校・高校の各実技教科は，専門教科であるため高度な技能が必要である。

　中学校・高校になれば，生徒にもその教科の好き嫌いがはっきりしてくることになる。体育の苦手な生徒，音楽の嫌いな生徒，美術をいやがる生徒が現れるとともに，逆に好きな生徒が出てきて，その生徒の能力をのばせるよう指導することも重要になってくる。教員採用試験の実技教科にもう1つ，英語があげられる。これは，ほとんどの場合ヒアリングと英会話である。実施する県がふえており，ますます内容は高度になってきているが，国際社会に向かっていく社会状況を考えても，英語教育は注目をあびることになる。英語が好きか嫌いかはっきりするのが，この中学校・高校の時期であるから，指導する教師の力が問題になってくることになる。

　学校行事もまた実技教科と関わってくる。音楽会，展覧会，運動会，体育祭，夏休み作品展，書道展，水泳大会，学芸会・文化祭などや遠足があり，それぞれ各実技教科と結びついている。そのために小学校の教師はそれらを指導しなければならない。中学校・高校の教師は生徒中心に行う行事の手助けをしなければならない。クラブ活動の指導もあるために，音楽・体育などができなければならないわけだ。

■■ **実技試験の準備・対策** ────────

小学校

A. 音楽

　小学校音楽はほとんどの県で実施されている。そのため，小学校の教員採用試験を受験する者は，音楽の実技は絶対に練習しておかなければならない。特に学習指導要領に掲載されている歌唱共通教材やバイエルなどは実技試験に頻出するので，弾き歌いは充分にできるようにしたい。

【1学年及び2学年】

　• 歌唱

　〔1学年〕

　　「うみ」(文部省唱歌)　林柳波作詞　井上武士作曲

　　「かたつむり」(文部省唱歌)

　　「日のまる」(文部省唱歌)　高野辰之作詞　岡野貞一作曲

　　「ひらいたひらいた」(わらべうた)

　〔2学年〕

　　「かくれんぼ」(文部省唱歌)　林柳波作詞　下総皖一作曲

　　「春がきた」(文部省唱歌)　高野辰之作詞　岡野貞一作曲

　　「虫のこえ」(文部省唱歌)

　　「夕やけこやけ」　中村雨紅作詞　草川信作曲

　• 鑑賞

(1)　鑑賞の活動を通して，次の事項を指導する。

　　ア　楽曲の気分を感じ取って聴くこと。

　　イ　音楽を形づくっている要素のかかわり合いを感じ取って聴くこと。

　　ウ　楽曲を聴いて想像したことや感じ取ったことを言葉で表すなどして，楽曲や演奏の楽しさに気付くこと。

(2)　鑑賞教材は次に示すものを取り扱う。

　　ア　我が国及び諸外国のわらべうたや遊びうた，行進曲や踊りの

　　　　音楽など身体反応の快さを感じ取りやすい音楽，日常の生活に
　　　　関連して情景を思い浮かべやすい楽曲
　　イ　音楽を形づくっている要素の働きを感じ取りやすく，親しみ
　　　　やすい楽曲
　　ウ　楽器の音色や人の声の特徴を感じ取りやすく親しみやすい，
　　　　いろいろな演奏形態による楽曲

【3学年及び4学年】
　・歌唱
　〔3学年〕
　　「うさぎ」(日本古謡)
　　「茶つみ」(文部省唱歌)
　　「春の小川」(文部省唱歌)　高野辰之作詞　岡野貞一作曲
　　「ふじ山」(文部省唱歌)　巌谷小波作詞
　〔4学年〕
　　「さくらさくら」(日本古謡)
　　「とんび」　葛原しげる作詞　梁田貞作曲
　　「まきばの朝」(文部省唱歌)　船橋栄吉作曲
　　「もみじ」(文部省唱歌)　高野辰之作詞　岡野貞一作曲
　・鑑賞
(1)　鑑賞の活動を通して，次の事項を指導する。
　　ア　曲想とその変化を感じ取って聴くこと。
　　イ　音楽を形づくっている要素のかかわり合いを感じ取り，楽曲
　　　　の構造に気を付けて聴くこと。
　　ウ　楽曲を聴いて想像したことや感じ取ったことを言葉で表すな
　　　　どして，楽曲の特徴や演奏のよさに気付くこと。
(2)　鑑賞教材は次に示すものを取り扱う。
　　ア　和楽器の音楽を含めた我が国の音楽，郷土の音楽，諸外国に
　　　　伝わる民謡など生活とのかかわりを感じ取りやすい音楽，劇の
　　　　音楽，人々に長く親しまれている音楽など，いろいろな種類の
　　　　楽曲

  イ 音楽を形づくっている要素の働きを感じ取りやすく，聴く楽
   しさを得やすい楽曲
  ウ 楽器や人の声による演奏表現の違いを感じ取りやすい，独奏，
   重奏，独唱，重唱を含めたいろいろな演奏形態による楽曲

【5学年及び6学年】

 • 歌唱

 〔5学年〕

  「こいのぼり」(文部省唱歌)

  「子もり歌」(日本古謡)

  「スキーの歌」(文部省唱歌)林柳波作詞　橋本国彦作曲

  「冬げしき」(文部省唱歌)

 〔6学年〕

  「越天楽今様(歌詞は第2節まで)」(日本古謡)　慈鎮和尚作歌

  「おぼろ月夜」(文部省唱歌)　高野辰之作詞　岡野貞一作曲

  「ふるさと」(文部省唱歌)　高野辰之作詞　岡野貞一作曲

  「われは海の子(歌詞は第3節まで)」(文部省唱歌)

 • 鑑賞

(1) 鑑賞の活動を通して，次の事項を指導する。

  ア 曲想とその変化などの特徴を感じ取って聴くこと。

  イ 音楽を形づくっている要素のかかわり合いを感じ取り，楽曲
   の構造を理解して聴くこと。

  ウ 楽曲を聴いて想像したことや感じ取ったことを言葉で表すな
   どして，楽曲の特徴や演奏のよさを理解すること。

(2) 鑑賞教材は次に示すものを取り扱う。

  ア 和楽器の音楽を含めた我が国の音楽や諸外国の音楽など文化
   とのかかわりを感じ取りやすい音楽，人々に長く親しまれてい
   る音楽など，いろいろな種類の楽曲

  イ 音楽を形づくっている要素の働きを感じ取りやすく，聴く喜
   びを深めやすい楽曲

  ウ 楽器の音や人の声が重なり合う響きを味わうことができる，

合奏，合唱を含めたいろいろな演奏形態による楽曲

B．図画工作

　図工は，音楽ほどには技能が表われにくい教科である。誰でも鉛筆デッサンなり，水彩画は描くことができる。しかしそれが本当に美術的な意味で絵になっているわけではない。「うまい」「へた」ではなく，デッサンはものの見方，色彩感，創造性が必要である。次に小学校学習指導要領の各学年の指導すべき材料，用具を記載する。

【1学年及び2学年】
　　土，粘土，木，紙，クレヨン，パス，はさみ，のり，簡単な小刀類など

【3学年及び4学年】
　　木切れ，板材，釘(くぎ)，水彩絵の具，小刀，使いやすいのこぎり，金づちなど

【5学年及び6学年】
　　針金，糸のこぎりなど

C．体育

　小学校受験者に全員といってよいほど多く実施されるのが体育，特に水泳である。そして，音楽とともにこの体育に，ますます実施される種類が多くなっている。以前は水泳のみの実施であった県でも，鉄棒やマットやボール運動を実施する傾向にあるので，必ずそれらすべてを練習しておいた方がよい。やはり，学習指導要領の内容を中心に出題されるので，学習指導要領に示されている教科の構成を以下に示す。

【1学年及び2学年】
　　「体つくりの運動遊び」，「器械・器具を使っての運動遊び」，「走・跳の運動遊び」，「水遊び」，「ゲーム」及び「表現リズム遊び」

【3学年及び4学年】
　　「体つくり運動」，「器械運動」，「走・跳の運動」，「水泳運動」，

　「ゲーム」，「表現運動」，「保健」

【5学年及び6学年】

　「体つくり運動」，「器械運動」，「陸上運動」，「水泳運動」，「ボール運動」，「表現運動」，「保健」

　以上の学習指導要領と採用試験の実技実施内容を見比べてもわかるが，学習指導要領と実技試験内容は一致している。つまり，学習指導要領にしたがって出題されていることになる。これらは，体育の基礎となるばかりか，児童を指導する上でも必要な技能である。水泳については，必ず指導することになっているので泳げなければ教師にはなれないことになる。

　出題される内容のポイントをしっかりとつかむこととともに意味もはっきりと把握して，技能をみがくことが大切である。

中学校・高等学校

A. 音楽

　○ピアノ演奏，○弾き歌い(共通教材)，○弾き歌い(共通教材以外)，○聴音，○新曲視唱，○伴奏づけ，○リコーダー演奏，がポイントとなる。

　いずれも範囲が広く，専門教科なので高度の技能が要求される。共通教材，バイエルなどのソルフェージュの曲については，必ず演奏ができて歌え，伴奏づけもできるようにしておくことが望ましい。専門教科であり，中学生，高校生を指導するのであるから，高度の技能及び高い指導力がなければならない。また音楽をはじめ実技教科は，技能ばかりにとらわれて，評価を「うまい，へた」だけで決めてしまうものではない。そのために生徒が音楽を嫌いになってしまうこともあるので，教師の指導力も必要である。

　また，逆に技能不足であると，生徒に音楽をわからせることができなくなり，これもまた生徒を音楽嫌いにしてしまうことになる。技能が高度であれば，生徒の信頼感も得られることになる。

　日常の練習をして，自己の技能をみがくこと，ピアノばかりでなくリコーダーのことについても知っておかなければならないこと，聴音についても慣れておかなければならない。

　実技は，実際に生徒の見本となっていると思って演奏なり歌唱なりを行うべきである。

B．美術

　○鉛筆デッサン，○水彩画，○デザイン，○木炭デッサン，○平面・立体構成，○油彩画・日本画・彫塑，が主な出題範囲である。

　鉛筆デッサン，水彩画は必ず出題される。それらの意味をよく考えて練習をすることである。デッサンとは物の見方を学ぶこと，そしてその見たことを描写することである。描けば描くほど力がつくのがこの鉛筆デッサンであるから，暇をみて練習しておくこと。

　水彩画は，水彩絵の具の特徴をよくつかむと同時に使い方をマスターしなければならない。この場合まぜ方，重ね方がポイントになる。にごらないようにしなければならないし，また色彩感覚も問われることになる。

　美術の場合は，描くことは誰でもできる。しかし，他人に指導する以上，特に教師として生徒に指導する以上，技能が高くなくてはならない。しかし，その反面芸術的に高いものばかりを追い求めて，生徒の美術嫌いをつくってはならない。教師には，人間性が要求される。

C．保健体育

　ポイントとして，○水泳，○器械運動(鉄棒，マット，跳び箱)，○陸上競技(ハードル走，高跳び，幅跳び)，○球技(バスケットボール，バレーボール，ラグビー，サッカー，ドリブル，シュート，パス，フェイント，スパイク，レシーブ)，○ダンス，○武道(柔道，剣道)，○体操などが挙げられる。

　水泳は，クロール・平泳ぎ・背泳ぎの3種は必ず泳げるようにすること。夏場のスポーツなので，練習は計画して行わないとできなくなっ

てしまうこともあるので注意が必要だ。器械運動は，上記した3種目は完全にできるようにしておくこと。連続技としてできるように，鉄棒の逆上がりは必ず出題されるからマスターしておくこと。陸上競技はハードル走が大部分であるので，ハードルを倒さないこと，フォームなどに注意して練習を積むことが必要である。

球技は，試合かまたは個々に上記した技能を見ることになる。難しいものはないので確実にできるということが要求される。試合においてはその人の性格が表れるうえに，練習しにくいので，グループをつくって試合をやってみることだ。ダンス，武道は，女子と男子に分けられるが，それぞれ練習不足になりやすいので注意したい。ダンスは恥ずかしがらずにきちんと表現することが重要であり，武道は危険を伴うので基礎をしっかりと身につけておかなければならない。体操は，ラジオ体操と創作体操がほとんどである。どちらも型をしっかりと把握して，きちんと表現したい。

D. 家庭

被服と食物に分けられる。被服は，そでつけ，そでつくり，えりつけ，ポケットつけ，幼児の衣類などをつくることが出題され，それらを通して，縫い方やボタン・ファスナー・スナップつけなどをみる。

食物は，調理をさせて，その手順，調理の方法，調味料などが正しいかどうかをみる。時間的に考えて，あまり難しく複雑なものは出題されない。切り方や調味料の使い方，料理のつくり方などは，日頃から心掛けておきたい。手順の良し悪しがポイントになるので，注意するように。材料研究をしておくこと。

E. 技術

出題している県は少ない。しかし，これから増えると考えられるので，やはり日常から作業を通して，用具・工具の使い方や，作業方法を頭に入れておかなければならない。特に回路計などは慣れておくように。危険が伴う教科であるから，しっかりと技能を身につけておく

こと。

F．英語

　国際社会になるとともに英語が重要になってきている。今までは英語を習っていても話せないということがあり，それが問題になっている。小学校でも，小学校第3学年から外国語活動を取り入れることになったため，ますます英語力が重視されるようになった。英語の実技では，英会話の重視がまず第一にあげられる。時間があれば，テープなりラジオ・テレビの英会話を聞き，英語に慣れることが一番重要である。英語を聞くことによって，ヒアリングも発音・アクセント・イディオムなども身につく。英語に親しむことが大切である。

適性検査

■■ 選考における適性検査の必要性────────

　学校教育の職にあり，主として児童や生徒の生活及び教科に関する指導に当たる人物を教師又は教員という。その内容は，ほぼ同一ではあるが，前者はその機能から見た常識的な表現であり，後者は教育行政上から見た法規的な表現である。そこで，ここでは指導にかかわる能力ある人物の選考についてであるから，教員が適当かと思うため，以下，教員という用語を使うこととする。

　そこで，教員の仕事は，ある程度の教養さえあれば，だれでもできるように考えている人がいるかもしれない。しかし，事実は，一般教養や教職教養及び専門教養の外に実務的技能が必要なのである。したがって，教員の職業が，独自の領域をもつものである以上，高度な専門的教養をも必要とする職業すなわちプロフェッショナルな職業として確立しているのは，当然のことなのである。適性検査もその試験の1つとして採用されており，平成22年度の試験では65自治体中で80％に当たる52自治体で適性検査が実施されている。

■■ 選考において用いられる適性検査────────

　その選考について，教員に関することは，「実施要項」等で明らかにされていて，大きくは，「筆記試験(択一式，記述式)」，「適性検査(内田・クレペリン検査，Ｙ・Ｇ検査，その他質問紙法等)，「身体・体力検査(健康診断を含む)」，「口述試験(個人面接，集団面接，集団討論等)」等あるが，いずれも職務内容への適否を適切に判断しようとしているのである。したがって，その評価が的確で，より正しく判定されてこそ有効な選考となるのであるが，その要件を妥当性(validity)という。しかも，それが偶然的変動によって変わる頻度の少ないことを信頼性(reliability)が高いというのである，そこで，適性検査について，これ

を実施していない都府県市もあるが，実施されている検査の特徴を知っておくと，その対応にゆとりが持てる。

■■ 適性検査の例————————

○クレペリン検査

この検査の名称は，内田・クレペリン作業素質検査ともいわれる。つまり，3から9までの1ケタの数が乱雑に並んでいるものを連続して加算するのであるが，時間の配分は，15分作業－5分休憩－10分作業の形式で行う。その間は，1分ごとの加算である。そこで，検査は，記答数を測り，時間経過に伴う作業量を曲線に直して，作業素質を測定しようとするものである。本来，連続加算は，K・クレペリンによって創始されたものであるが，この検査法を発展させたのは，内田勇三郎である。すなわち，連続加算作業に際して，生ずる曲線，つまり，1分ごとの作業量の推移と誤謬を観察することにより，正常型と異常型を判定することができる。そこで，多くの人は，正常型を示すのであるが，その様相は一律ではないのである。そこで，正常型の特徴を休憩前と休憩後とに分けて示すことにする。

ア．休憩前

初頭努力の現れが著しく，2分目からはそれに続く弛緩が表れ，疲労が加わって6〜7分目までは作業量は徐々に低下するが，少しでもこのことに慣れているか，慣れていないかの変化はある。しかし，この低下は長く続くものではない。むしろ，この6〜7分目頃より次第に作業興奮のはたらきが表れ，正に，疲労にうち勝っての作業による作業量は，徐々に増加し，曲線は上昇の傾向をたどるため，全体的には，鍋のような形やU字の形をした曲線が得られることになるのである。これが一般的な正常な曲線といえるものである。

イ．休憩後

疲労が回復しているためか，その当初の作業量は，休憩前の初頭努力の現れの量と比べてもはるかに高いのである。このことは，作業の慣れによることにもより習熟の表現ともなる。その後の傾向は，

休憩前に似ているが，3〜4分目には，一時上昇し，その後は，再び
下降の傾向をたどることになる。

○Y・G検査

Y・G検査は，Y—G診断ともいわれるが，正しくは，矢田部・ギル
フォード性格検査であり，南カリフォルニア大学の心理学教授J・P・
ギルフォードによって創始されたものであるが，その3つの人格目録
を日本の生活環境等に合うように構成したものである。これには，京
都大学の矢田部達郎教授や関西大学の辻岡美延教授の研究の成果が生
かされたものである，ということである。

ところで，この検査で捉えることができる性格特性は，①「抑うつ」，
②「回帰的傾向」，③「劣等感」，④「神経質」，⑤「客観性」，⑥「協
調性」，⑦「攻撃性」，⑧「一般的活動性」，⑨「のんきさ」，⑩「思考
的外向」，⑪「支配性」，⑫「社会的外向」の12である。

ア．検査の形式と項目及び回答方法

この検査から得られる性格の特性が明確にされているため，その
項目についても性質や行動などの傾向をみようとする簡単な質問
が，120項目並んでいるのである。

そこで，その回答の方法は，検査表に示されている質問に対して，
「はい」，「？」，「いいえ」の3件に対して回答することになるのであ
る。つまり，平常の自分自身に当てはまると思われるときは，「は
い」の欄の○印に○，当てはまらない思われるときは，「いいえ」
の欄の×印に○，少し判断に戸惑うときには「？」の△印にマーク
することになるのである。したがって，いずれもあまり考えすぎる
と，とまどいを感じることにもなりかねないため，すばやく回答す
ることが肝要である。なお，回答の評点は，○が2点，△は1点，×
は0点である。

イ．判定

素点の集計，プロフィール表への記入，各系統値の算出を得て，
その系統値の算出から15の類型に分けられる。ただし，この類型も
大きくは5種類であり，さらにそれぞれに3つの属性がある。

- A類(プロフィールは，平均型)：平凡・普通型
- B類(プロフィールは，右寄り型)：不安定・積極型
- C類(プロフィールは，左寄り型)：安定・消極型
- D類(プロフィールは，右下がり型)：安定・積極型
- E類(プロフィールは，左下がり型)：不安定・消極型

　このA類，B類，C類，D類，E類のそれぞれに典型，純型，混合型があるため，合計15の類型となる。

○MMPI検査

　MMPIとは，Minnesota Multiphasic Personality Inventoryのイニシャルをとったもので，アメリカのミネソタ州の州民を母集団として，ハザウェイとマッキンレイによって考案された質問紙法の検査で，1940年に発表されたものであり，多くの検査例がある。このことは，性格特性を知るために多くの方法はあるが，質問紙法には欠点もあったのである。そこで，その欠点を解消したのである。すなわち，この方法は，検査態度が信頼できるかどうかを補う妥当性尺度が付いているため，このことが大きな特徴となっている。なお，質問事項は550項目あり，検査時間も60分以上の大規模な検査であるが，ほとんどは質問事項330項目の簡易版で実施している。

ア．検査項目と回答方法

　MMPIの質問項目は，「健康」，「神経症」，「脳神経」，「運動と協応動作」，「感受性」，「血管運動・栄養・言語・分泌腺」，「循環器呼吸系」，「生殖泌尿器系」，「消化器系」，「習慣」，「家族」，「婚姻」，「職業関係」，「教育関係」，「性についての態度」，「宗教についての態度」，「法律と秩序」，「会社についての態度」，「抑うつ的感情」，「軽そう感情」，「脅迫状況」，「もう想・幻覚」，「錯覚」，「恐怖感」，「サディズム・マゾヒズム傾向」，「士気」，「男女の性度」，「自分をよく見せようとする態度」等，いわゆる生活領域全般にわたった詳細な項目について，様々な質問事項がある。

　したがって，性格の一特徴のみを調べようとするものではなく，

多面的な人格像を総合的に見出そうと工夫されているのである。そ
のため，質問事項も極めて具体的であるとともに，理解しやすく表
現されていることなどから，中には，一体何を調べようとしている
のか，全く感じさせないものもある。このことから，受験者にとっ
て，よくありがちな無意味な警戒心などを払拭してしまうこともあ
るようである。

　また，回答は，「そうです。」，「ちがいます。」，「どちらでもない。」
の3件法で答えるようになっている。

イ．判定

　この回答に対する評価は，「心気症」，「抑うつ症」，「ヒステリー
症」，「精神病質的偏倚性」，「性度」，「偏執性」，「精神衰弱性」，「精
神分裂症」，「軽そう性」，「社会的内向性」の10基礎尺度と受験者の
反応態度を調べるための疑問点，虚構性，妥当性得点，修正点の4
妥当尺度でなされる。

面接試験Q&A

面接試験は誰でも不安なもの。心配なのはあなただけではありません。ここでは，今までによせられた面接に関する質問にお答えします。

Q　私が受ける県では特に面接試験が重視されているようで，一次試験の時にグループ面接，二次試験の時には個人面接が実施されています。大学でも模擬面接(個人面接)を受けたことがありますが，なかなかうまく答えられませんでしたので，心配でなりません。そこで，グループ，個人面接を受けるにあたって，特に心がけること，注意点等についてアドバイスをお願いします。

A.　教員採用試験では，各教育委員会ともに受験者の人柄や人物について，かなり慎重な判断をすることに意を用いています。人柄や人物については人物調書も参考にしますが，より重視されるのは面接であることはいうまでもありません。

　個人面接，集団面接を問わず，服装，髪型，化粧，礼儀作法については，あまり常識の線を超えない程度であることが望ましいです。基本的には，面接は，限られた時間の範囲内で行われますから，試験官の質問に的を射た返答をすることが重要なポイントです。それができるためには，面接で一般的に質問される事項については，あらかじめ考えを整理しておくことが必要です。大学生活(研究室やサークル活動のこと)，△△県を受験した動機又は理由，教育実習の感想，自分の性格の特徴，または長所，短所などは，質問が想定される事項ですから，考えを整理しておくことをお薦めします。

　以上は面接の一般的な注意点ですが，集団面接において特に注意しなければならないのは，(ア)他の面接官の意見に引きずられないこと，(イ)他の人の発言中に，それをおさえてしまったり，発言を独り占めしないこと，(ウ)他人を傷つけたり，全体の雰囲気をこわ

さないこと，(エ)話題の流れに注意を配り，前後関係を無視したり，
偏見や独善的な発言に傾かないようにすることなどです。目立つだ
けが集団面接のポイントではないことを十分に自覚して試験に臨ん
でください。

Q

私の受験する県では，教員採用試験で集団討論があります。そ
して，昨年，受験した先輩の話では，教育の場で講師などの経験
をなさった人の方が断然有利で，討論をしていても，現役の学生
の受験者は，口を挟むことすらできない状況であるとのことでし
た。
　ところで，私は，自己アピールすら下手であり，まして周囲に
圧倒される状態では，自分の意見などいえなくなってしまいそう
で，今から心配でなりません。そのため，集団討論にはどのよう
な心構えで臨めばよいのか，どうかアドバイスをお願いいたしま
す。

A. 採用試験で集団討論が課せられるとのこと。近年，この傾向にあ
るようですが，これも教員選考において，人物重視が顕在化した証
ではないかと思われます。おそらく，その討論の課題も，現実の教
育課題であるはずです。このことは，教員は採用即児童生徒と接す
る，直ちに教育の当事者ということになるからです。したがって，
教師を志望する方は，このことを十分認識し，教育についての在り
方に自らの考えを持っていなければなりません。このことは“教育
の自立”といえるかもしれませんが，教育に携わる人は，決して評
論家的な認識であってはならないということです。
　そこで，自らの気質として意思表示が苦手であるということのよ
うですが，このことについては，少し理解しにくいのです。それは，
これまでにお会いした方で，教師を目指す人は，共通に“育てる”
ということに関心があり，そのために子供たちにどのように接して
いこうとしているかの考えを持っていらっしゃったからです。した
がって，おそらく，それはあるが，それを表現することに躊躇があ

るということではないかと考えます。

　このことから，現在のご心配を了解いたしますが，その心境もこれまでのことから実感していらっしゃるのですから，即効性のある対策など考えられません。しかし，自らの適性がよりよい評価につながるように，これから，心得ていただき，試験の当日，自分のためではなく，自らが育てようと思っている子供たちのためとの考えから表現することではないかと思います。そのために是非実行していただきたいことは，新聞の利用です。それは，近年，日刊紙で教育にかかわる記事のないものはないほどで，時には特集もあるぐらいですし，特に読者の欄の教育の記事は見逃してはなりません。このことについて，必ず，自らがその当事者であるとして自問すると，案外自らの考えていることも明確になってくるものです。さらに，このことから認識を深め，自らの意見となったものは，集団討論でも客観性を発揮し，討論者の間での話題を醸し出すことになりますので，孤立することもありません。

　なお，先輩からの情報ですが，当然のことですので，ある県では，経験者と同席しないような工夫もあるくらいです。したがって選考は，そのことを承知の上で評価していると思ってください。

> Q　私は，残念ながら前年の試験には失敗してしまいました。原因は，第二次試験，特に面接にあったようです。この面接試験を突破するには，具体的にどのような心構えが必要でしょうか？

A．第二次試験で不合格になる理由は，人により当然さまざまです。二次試験そのものの出来，不出来もさることながら，一次試験の出来が相対的に低かったために，二次を受けてから不合格になる場合も考えられます。

　ここでは，一次試験はかなり出来たものと仮定して，面接についての心構えを述べましょう。

　面接では，知識よりもむしろ対応の感じの良し悪し，ものの考え

331

方の特徴・傾向性などが限られた時間のうちに試されることを知っていなくてはなりません。博識であっても，試験官が聞きもしないことを得意然として解説したり，さらに悪乗りして，プライベートな美談を自信満々に披露するなどは，マイナス点を稼ぐために口を開いているようなものである，というくらいの常識は最低持ちたいものです。また，教育問題についても，マスコミ受けしている評論家のような論評をしたり，まったく第三者的に論評するようなやり方(たとえば，「日本の教育に明日はない」というような論評)は，試験官のひんしゅくを買うことになります。あくまでも，教師になろうとしている己の主体的な判断が問われているという前提で，面接官に対応することが大切です。

面接試験心構え六か条

①志望動機など基本的な質問については，あらかじめ回答を用意しておく。

②身上書の内容は必ずコピーをとっておく。

③各種の報告書や通達など，できる限り多くの資料に目を通し，その内容を理解しておく。

④指導案をいくつか自分で作っておく。

⑤常に，実際に教壇に立ったとき，自分は具体的にどのような指導を行うかを考える。

⑥すべての質問に対して，より実践的，より具体的に答えること。

●書籍内容の訂正等について

　弊社では教員採用試験対策シリーズ（参考書，過去問，全国まるごと過去問題集），公務員試験対策シリーズ，公立幼稚園・保育士試験対策シリーズ，会社別就職試験対策シリーズについて，正誤表をホームページ（https://www.kyodo-s.jp）に掲載いたします。内容に訂正等，疑問点がございましたら，まずホームページをご確認ください。もし，正誤表に掲載されていない訂正等，疑問点がございましたら，下記項目をご記入の上，以下の送付先までお送りいただくようお願いいたします。

> ① 書籍名，都道府県（学校）名，年度
> 　（例：教員採用試験過去問シリーズ　小学校教諭 過去問　2025 年度版）
> ② ページ数（書籍に記載されているページ数をご記入ください。）
> ③ 訂正等，疑問点（内容は具体的にご記入ください。）
> 　（例：問題文では"ア〜オの中から選べ"とあるが，選択肢はエまでしかない）

〔ご注意〕

○ 電話での質問や相談等につきましては，受付けておりません。ご注意ください。

○ 正誤表の更新は適宜行います。

○ いただいた疑問点につきましては，当社編集制作部で検討の上，正誤表への反映を決定させていただきます（個別回答は，原則行いませんのであしからずご了承ください）。

●情報提供のお願い

　協同教育研究会では，これから教員採用試験を受験される方々に，より正確な問題を，より多くご提供できるよう情報の収集を行っております。つきましては，教員採用試験に関する次の項目の情報を，以下の送付先までお送りいただけますと幸いでございます。お送りいただきました方には謝礼を差し上げます。

（情報量があまりに少ない場合は，謝礼をご用意できかねる場合があります）。

◆あなたの受験された面接試験，論作文試験の実施方法や質問内容

◆教員採用試験の受験体験記

- -

<table>
<tr><td rowspan="5">送付先</td><td>○電子メール：edit@kyodo-s.jp</td></tr>
<tr><td>○FAX：03-3233-1233（協同出版株式会社　編集制作部 行）</td></tr>
<tr><td>○郵送：〒101-0054　東京都千代田区神田錦町2-5</td></tr>
<tr><td>　　　　　　協同出版株式会社　編集制作部 行</td></tr>
<tr><td>○HP：https://kyodo-s.jp/provision（右記のQRコードからもアクセスできます）</td></tr>
</table>

　※謝礼をお送りする関係から，いずれの方法でお送りいただく際にも，「お名前」「ご住所」は，必ず明記いただきますよう，よろしくお願い申し上げます。

教員採用試験「過去問」シリーズ

鹿児島県の
面接 過去問

編　集　Ⓒ 協同教育研究会
発　行　令和6年2月25日
発行者　小貫　輝雄
発行所　協同出版株式会社

　　　　〒101-0054　東京都千代田区神田錦町2 - 5
　　　　電話　03－3295－1341
　　　　振替　東京00190－4－94061
印刷所　協同出版・POD工場

　　　　落丁・乱丁はお取り替えいたします。